U0895032

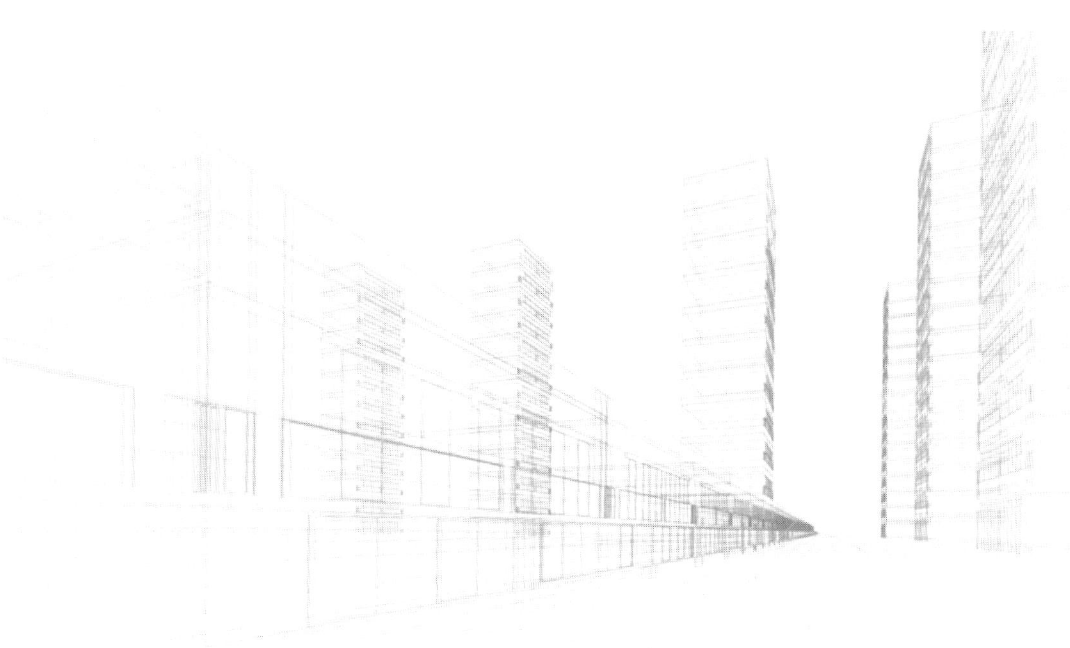

闫克远 著

中国对外贸易摩擦结构研究

ZIIONGGUO DUIWAI MAOYIMOCA JIEGOUYANJIU

中国财经出版传媒集团

经济科学出版社
Economic Science Press

图书在版编目（CIP）数据

中国对外贸易摩擦结构研究／闫克远著．—北京：
经济科学出版社，2019.3
ISBN 978－7－5218－0424－9

Ⅰ.①中…　Ⅱ.①闫…　Ⅲ.①对外贸易－研究－
中国　Ⅳ.①F752

中国版本图书馆 CIP 数据核字（2019）第 058128 号

责任编辑：杜　鹏　张　燕
责任校对：蒋子明
责任印制：邱　天

中国对外贸易摩擦结构研究
闫克远　著
经济科学出版社出版、发行　新华书店经销
社址：北京市海淀区阜成路甲 28 号　邮编：100142
编辑部电话：010－88191441　发行部电话：010－88191522
网址：www.esp.com.cn
电子邮件：esp_bj@163.com
天猫网店：经济科学出版社旗舰店
网址：http：//jjkxcbs.tmall.com
固安华明印业有限公司印装
710×1000　16 开　12.75 印张　220000 字
2019 年 11 月第 1 版　2019 年 11 月第 1 次印刷
ISBN 978－7－5218－0424－9　定价：58.00 元
（图书出现印装问题，本社负责调换。电话：010－88191510）

前　言

自 1978 年对外开放以来，中国对外贸易得到了迅速发展。2010 年中国成为世界第一大出口国和第二大贸易国，货物贸易总出口额 15779.3 亿美元，经济总量仅次于美国，对外贸易对中国经济增长的贡献达到 40% ~50%。与此同时，随着中国逐渐先后成为贸易大国和经济大国，以及国际贸易利益格局、利益关系的不断变化，中国对外贸易（出口贸易）所遭遇的贸易摩擦也越来越多，2010 年中国货物贸易总额约占全球的 9.9%，但是全球却有 20.9% 的反倾销调查和 16.9% 的反补贴调查是针对中国出口产品的。中国出口贸易遭遇的贸易摩擦在数量上增加的同时也出现了许多新的特点和发展趋势，贸易摩擦已经从单纯的企业间单一产品的争端扩大到针对某一行业的争议，由单纯的贸易问题向宏观体制、政治制度、国家利益层面延伸。贸易摩擦的加剧不但直接制约了中国出口贸易的发展，破坏了公平的贸易环境，而且影响到中国的经济安全乃至政治安全，成为中国对外贸易和经济发展中不容忽视的问题。从近年来中国出口贸易遭遇贸易摩擦的具体情况看，反倾销等传统贸易救济措施仍然是中国遭遇贸易摩擦的主要形式，但是技术性贸易壁垒和知识产权保护等新型贸易摩擦对中国出口商品的影响却越来越大，美国、欧盟、日本等发达国家和地区对中国的贸易摩擦开始更多地集中于知识产权保护、人民币汇率制度、对外贸易差额、出口补贴和外商投资环境等更加隐蔽的层面，而以印度、阿根廷、土耳其等为代表的发展中国家和地区对中国发起的贸易摩擦则以传统的贸易救济措施为主，且其发起频率也越来越高。2008 年下半年以来，美国次贷危机引发的全球性经济衰退，导致世界范围内贸易保护主义抬头，在面临国际金融危机的冲击下，各国或各地区为了保证本国或本地区利益的最大化，纷纷出台形形色色的贸易保护措施。全球化进程呈现出减缓迹象，在战略产业领域首先出现明显的“逆全球化”趋势，各大国对于外资进入本国战略产业的控制越来越严格。特别是受英国脱欧、特朗普当选美国总统等欧美政治和经济形势的影响，“逆全球化”潮流不断涌现。中国作为世界最大的货物出口国，也因此成为世界贸易保护的重点针对对象。例如，针对中国的贸易救济调查2009年高达128起，是中国遭遇贸易救济调查的历史最高水平；尽管2010年中国遭遇的贸易救济调查有所减少，但中国依然是各国或地区贸易救济调查的重点对象。“‘十二五’期间中国对外贸易发展的环境很复杂，在外部环境上针对中国的贸易保护主义是愈演愈烈，2012年中国共遭受了8起贸易摩擦，中国已连续17年成为遭遇贸易摩擦最多的国家。”中国商务部副部长钟山在2012年初举行的“2012中国外贸形势报告会”上做出上述表示。

尽管2014年以来中国对外贸易在稳定增长、提高质量、优化结构等方面取得了一定成绩，但外贸出口仍然遇到了不少诸如贸易壁垒之类的挑战。

当前全球面临以强硬保护主义和资源要素流动壁垒为特征的“逆全球化”挑战，在这一挑战及贸易保护主义抬头的新趋势背景下，如何避免和应对国际贸易摩擦再度成为各国关注的重点。

因此，如何正确认识并积极合理应对国际贸易摩擦，努力改善中国出口贸易的外部环境，将是未来很长一段时间中国对外贸易发展亟须研究和解决的重要问题。

贸易壁垒是影响中国出口增长的重要因素，但是我们在认识和分析贸易壁垒时，不能再片面地将注意力集中在单一的贸易壁垒上，而要从总体上把握贸易壁垒，进行综合的分析和研究，才能知道孰轻孰重。

本书针对经济全球化背景下国际贸易摩擦所呈现的主要特点和发展趋势，以中国对外贸易（出口贸易）摩擦问题为研究对象，从结构的视角，全面、系统、深入地研究中国对外贸易（出口贸易）摩擦的国别和地区结构、行业和产品结构、方式结构的现状、原因、演变以及发展趋势等，并就具体的结构性问题提出具有较强针对性和一定可操作性的对策建议。本书研究的主要内容和结构安排如下。

绪论，主要阐述本书的研究背景、目的与意义以及研究方法，并对本书的主要创新点和不足之处给出简要说明。

第一章，贸易摩擦的理论探讨与中国对外贸易摩擦结构研究综述，从历史的角度对国际贸易摩擦的理论进行详细梳理，界定本书所研究的贸易摩擦的内涵与范围，从国际贸易理论发展的历史中探究贸易摩擦的理论渊源，并对国内外有关贸易摩擦的理论研究做出简要的综述与评价。

第二章，中国对外贸易摩擦现状、特点与原因等分析，以改革开放为起点，从贸易摩擦数量、变化趋势、表现特点等方面对中国遭遇的贸易摩擦进行历史性回顾，分析中国频繁遭遇贸易摩擦的主要原因与发展趋势，以及中国应对贸易摩擦的能力问题，并结合中国对外贸易发展状况与国际经济利益格局变动，说明中国遭遇贸易摩擦的必然性与合理性。

第三章，中国对外贸易摩擦国别和地区结构研究，从结构的视角对中国与发达国家和发展中国家贸易摩擦的现状与特点进行对比，并选取美国、欧盟、日本等国家或地区作为发达国家的代表，印度、阿根廷等国家和地区作为发展中国家的代表，分析中国与这些国家和地区之间贸易摩擦的特征。

第四章，中国对外贸易摩擦行业和产品结构研究，结合中国国内产业结构和出口行业与产品结构的特点，分析中国对外贸易摩擦的整体行业特征，并从贸易救济和技术性贸易壁垒等贸易摩擦方式的角度，分析中国具体行业和产品遭遇贸易摩擦的特点与趋势。

第五章，中国对外贸易摩擦方式结构研究，针对反倾销、反补贴、保障措施等贸易救济手段和技术性贸易壁垒、知识产权保护等新兴贸易摩擦方式，分析各种贸易摩擦方式的具体特征与主要原因，以及对中国对外贸易的影响与发展趋势。

第六章，中国应对贸易摩擦的战略与措施，结合中国对外贸易未来的发展方向和中国对外贸易摩擦的现状与特点，并针对不同结构的贸易摩擦，提出应对的战略与措施。

作 者

2019 年 6 月

Contents

目录

绪论 / 1

第一节　研究背景、目的与意义 / 2

第二节　研究方法与创新、不足之处 / 10

第一章　贸易摩擦的理论探讨与中国对外贸易摩擦结构研究综述 / 13

第一节　贸易摩擦的内涵 / 13

第二节　贸易摩擦的理论渊源 / 16

第三节　贸易摩擦的理论分析 / 24

第四节　中国对外贸易摩擦结构研究综述 / 33

本章小结 / 40

第二章　中国对外贸易摩擦的现状、特点与原因等分析 / 42

第一节　中国对外贸易摩擦的现状与特点分析 / 42

第二节　中国对外贸易摩擦的原因分析 / 52

第三节　中国应对贸易摩擦的能力分析 / 65

第四节　中国遭遇贸易摩擦的必然性与合理性分析 / 67

本章小结 / 74

第三章　中国对外贸易摩擦国别和地区结构研究 / 76

第一节　中国与各类国家和地区的贸易摩擦分析 / 77
第二节　中国与主要发达国家和地区的贸易摩擦分析 / 83
第三节　中国与主要发展中国家的贸易摩擦分析 / 98
本章小结 / 108

第四章　中国对外贸易摩擦行业和产品结构研究 / 109

第一节　中国对外贸易摩擦行业和产品结构概述 / 109
第二节　中国主要出口行业和产品贸易救济分析 / 115
第三节　新型贸易摩擦行业和产品结构分析 / 128
本章小结 / 133

第五章　中国对外贸易摩擦方式结构研究 / 134

第一节　传统贸易救济措施引发的摩擦分析 / 134
第二节　新型贸易壁垒引发的贸易摩擦分析 / 143
第三节　其他贸易摩擦方式分析 / 156
本章小结 / 163

第六章　中国应对贸易摩擦的战略与措施 / 165

第一节　中国应对贸易摩擦的战略 / 166
第二节　中国应对贸易摩擦的措施 / 175
本章小结 / 181

结论 / 182
主要参考文献 / 185
后记 / 196

绪　论

自1978年改革开放以来，中国对外贸易发展迅速。2009年中国成为全球第一大货物贸易出口国，2013年首次超越美国跃居世界第一大货物贸易国。但在2008年金融危机之后，贸易保护主义抬头，特别是英国脱欧和特朗普当选美国总统后，“逆全球化”风潮愈演愈烈。与此同时，中国出口商品遭遇的贸易摩擦也日渐增多甚或激化。例如，1995年之前，中国遭遇的反倾销等贸易救济调查为266起，1995~2001年中国加入WTO的7年间，中国遭遇的贸易救济调查数量增加到337起，在中国加入WTO之后到2010年底，中国遭遇的贸易救济调查增加到815起。2010年中国货物贸易总额约占全球的9.9%，但是全球却有20.9%的反倾销调查和16.9%的反补贴调查是针对中国出口产品的。[1]2014年中国出口贸易壁垒事件共1393起，比2013年增加了9起。

从国别和地区来看，欧盟、美国对我国的贸易壁垒事件最多，分别为509起、359起；加拿大、印度对我国的贸易壁垒事件较多，分别为132起、103起；其他国家相对较少，均在50起以下。同时，贸易壁垒向发达国家（欧盟、美国、加拿大）和几个发展中国家（印度、阿根廷、巴西）集中的趋势更加明显。从行业和产品来看，2014年中国出口贸易壁垒事件最多的是矿产化工产品，为336起，占24%；金属陶瓷玻璃制品较多，共327起，占23%；食品紧随其后，共247起，占18%；机电产品出口贸易壁垒事件大幅下降，为207起，占15%；动植物和皮革木材制品相对较少，分别为40起和38起。从贸易壁垒的方式来看，2014年中国出口贸易涉及的壁垒方式主要有反倾销、反补贴、保障措施、技术性贸易壁垒、绿色贸易壁垒和由知识产权引起的贸易壁垒。反倾销、技术性贸易壁垒、绿色贸易壁垒仍然是贸易壁垒最重要的表现形式。[2]

尽管目前中国遭遇贸易摩擦的规模大、形式多、来源广、影响严重，但是，无论是从贸易摩擦的理论分析还是从世界以及中国对外贸易（出口贸易）发展的实践来看，中国频繁遭遇贸易摩擦存在一定的必然性与合理性。

第一节　研究背景、目的与意义

一、研究背景

贸易摩擦不是单纯的个案，其发生、发展、演变和激化具有深刻的历史与时代背景，只有将中国遭遇的国际贸易摩擦放到时代的大背景中来考察，才能对其有一个完整的认识并逐步加以解决。

（一）国际经济背景

1. 经济全球化与世界贸易增长

20世纪80年代以来，随着世界政治形势趋于稳定，经济全球化得到深入发展，世界贸易总量迅速增长，国家间经济关系发生了更深刻的变革，国家间经济相互依存、相互渗透的程度进一步增强。最近几十年来，世界贸易的增长速度一直高于世界经济的增长速度，国际贸易成为拉动各国经济增长的重要力量。同时，发展中经济体贸易发展迅速，其对外贸易增长速度明显高于发达经济体。参见图0－1和表0－1。

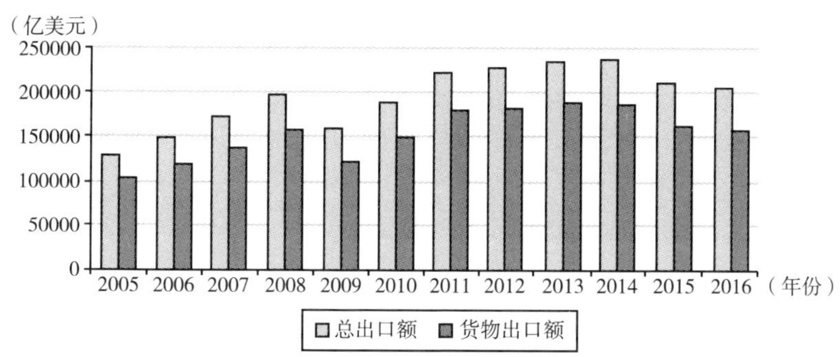

图 0－1 2005～2016 年世界出口额变动趋势

资料来源：UNCTAD. STATISTICS.

表 0－1 1990～2017 年世界及主要类型经济体贸易额增长速度 单位：%

年份	世界贸易	发达经济体		发展中经济体	
		出口	进口	出口	进口
1990～1999	6.6	6.6	6.6	7.0	7.6
2000～2009	5.2	4.1	3.8	8.1	9.2
2010	12.5	12.1	11.5	13.8	14.3
2011	7.1	6.0	5.1	8.7	11.5
2012	3.0	2.8	1.7	3.5	5.3
2013	3.5	3.1	2.3	4.8	5.2
2014	3.8	3.9	3.9	3.2	4.2
2015	2.7	3.8	4.6	1.5	－0.9
2016	2.3	2.0	2.7	2.6	1.8
2017	4.9	4.2	4.0	6.4	6.4

资料来源：IMF. World Economic Outlook Database，April 2018.

2. 世界经济周期性波动

从世界经济发展的长期规律来看，世界经济的波动比较频繁，且呈现出一定的周期性特征。1970～2009 年，世界经济年平均增长率达到 3.52%，但就单个年份的经济增长速度而言差别很大；1973 年世界经济增速达到 6.87%，而后由于石油危机经济增速迅速下滑至 2.77%，1975 年世界经济增速仅为 1.74%；自 1976 年开始，世界经济增速恢复到 4% 以上，但是 1982 年的经济危机使世界经济增速下降至 0.91%；随后的 1998 年亚洲金融危机又使世界经济增速下滑，2009 年在全球金融危机的冲击下，世界经济增速出现负增长 0.6%。[3]从世界经济增长的周期性规律来看，世界经济的平均增长速度较快，但是受全球性的经济危机影响较为严重，经济危机期间世界经济增长明显减缓。与此同时，世界经济增长出现了严重的不平衡性，从 1970～2009 年来看，新兴经济体和发展中经济体经济增长速度明显高于发达经济体，尤其是进入 21 世纪之后，新兴经济体的经济增长速度明显加快，10 年之间经济增长速度高于发达经济体 4.2 个百分点。但是，从长期的经济增长波动来看，发达经济体同新兴经济体和发展中经济体经济增长变动趋势基本趋同；从波动幅度来看，发达经济体的波动幅度明显偏大，其经济增长受经济危机的冲击更为明显，尤其由美国次贷危机引发的国际金融危机导致发达经济体出现严重的负增长现象。

3. 国际间贸易摩擦不断增加

世界经济和贸易规模的扩大以及全球经济的不平衡导致贸易摩擦在世界范围内不断增加，世界经济增长的波动性对贸易摩擦的引发效应较大，两者之间呈现出明显相反的变动关系。例如，1998 年亚洲金融危机的爆发，导致全球反倾销发起数由 1998 年的 257 起增加到 1999 年的 356 起；随着世界经济逐渐步入稳定增长阶段，全球反倾销发起数也不断减少，2007 年世界经济增速达到新高 5.18%，全球反倾销发起数也减少到 163 起；2008 年金融危机的爆发，世界经济和贸易增速下滑，贸易保护主义逐渐抬头，全球反倾销发起数也迅速增加到 208 起。[3]除了经济危机导致经济增长周期性波动的因素外，全球经济的不平衡也一直被认为是引发贸易摩擦并使其次数不断增加的主要原因。例如，发达经济体和发展中经济体经济波动幅度的差异，以及发达经济体经常账户严重赤字和发展中经济体经常账户巨额盈余，导致贸易长期赤字的国家不断采取贸易保护措施，进而引发全球贸易摩擦不断增多。从单个国家的角度来看，经济不平衡引发的贸易摩擦则更为明显，美国就认为自身巨额的贸易逆差来源于中国等国家过分强调出口对经济的拉动作用，要求中国乃至日本、欧盟等国家和地区扩大国内需求，放松进口限制，为美国出口商品提供更广阔的市场，并以此为理由采取贸易保护主义措施。

总之，从国际经济发展背景来看，贸易摩擦是经济全球化尤其是贸易全球化飞速发展的产物，世界经济的发展与全球贸易规模的持续扩大，全球经济发展不平衡与新兴发展中经济体的迅速崛起，世界经济周期的波动性与全球性金融危机的影响等因素，均已成为贸易摩擦规模不断扩大的动因。随着发展中国家积极参与国际贸易，国际贸易摩擦逐渐由发达国家之间向发达国家与发展中国家之间、发展中国家与发展中国家之间转变。

（二）国内经济背景

1. 中国经济持续高速增长导致对外贸易摩擦不断增多

中国经济在21世纪保持了高速平稳增长，其增长速度明显高于其他国家，经济增长与对外贸易规模扩大使得中国在全球经贸格局中的地位迅速提升。2001～2016年，中国经济平均增长速度达9.48%，同为发展中国家的印度为7.28%，俄罗斯为3.61%，巴西为2.44%，在金砖四国中中国经济增长速度高居首位。而作为全球最有发展潜力的金砖四国的经济增速又明显高于发达经济体，同期美国的经济增速为1.81%，欧盟为1.36%，日本经济则长期处于低迷状态，增速仅为0.80%。详见表0－2。

表0－2　2001～2016年世界主要经济体经济增长速度比较　单位：%

年份	中国	印度	俄罗斯	巴西	美国	欧盟	日本
2001	8.3	4.8	5.1	1.4	1.0	2.2	0.4
2002	9.1	3.8	4.7	3.1	1.8	1.4	0.1
2003	10.0	7.9	7.3	1.1	2.8	1.3	1.5
2004	10.1	7.9	7.2	5.8	3.8	2.6	2.2
2005	11.4	9.3	6.4	3.2	3.3	2.1	1.7
2006	12.7	9.3	8.2	4.0	2.7	3.3	1.4
2007	14.2	9.8	8.5	6.1	1.8	3.1	1.7
2008	9.7	3.9	5.2	5.1	－0.3	0.5	－1.1
2009	9.4	8.5	－7.8	－0.1	－2.8	－4.4	－5.4
2010	10.6	10.3	4.5	7.5	2.5	2.1	4.2
2011	9.5	6.6	5.3	4.0	1.6	1.7	－0.1
2012	7.9	5.5	3.7	1.9	2.2	－0.4	1.5
2013	7.8	6.4	1.8	3.0	1.7	0.3	2.0

续表

年份	中国	印度	俄罗斯	巴西	美国	欧盟	日本
2014	7.3	7.5	0.7	0.5	2.6	1.7	0.4
2015	6.9	8.0	-2.8	-3.8	2.9	2.3	1.4
2016	6.7	7.1	-0.2	-3.6	1.5	2.0	0.9

资料来源：世界银行公开数据。

中国经济的高速增长对世界经贸格局变迁产生了深刻的影响，尤其是自2002年之后，中国经济对世界经济增长的贡献超过了美国，成为拉动世界经济增长的主要力量。按照IMF的计算结果，自1971年开始，除1982年之外美国对世界经济增长的贡献远远超过中国。但是，自2002年中国加入世界贸易组织之后，中国按照外向型的经济发展战略实现了经济增速的全球领先优势，对世界经济的贡献远远超过了美国。联合国发布的《2009年世界经济报告》显示，中国对世界经济增长的贡献度将从2008年的22%增至2009年的50%。[4]从未来的发展趋势来看，中国将会成为世界经济增长的主要推动力。

中国经济高速增长以及对全球经贸格局的影响，对其他经济体在战略层面和市场层面构成了直接的压力和潜在的威胁，美国、欧盟等发达经济体为了缓解国内失业压力、维护国内传统制造业等弱势产业，甚至受制于特定利益群体的压力，纷纷针对中国发起贸易摩擦。而发展中经济体出于未来发展战略方面的考虑，也针对中国出口商品采取贸易保护主义措施，以贸易摩擦为手段在国际市场上限制中国产品的国际竞争力。伴随中国经济地位的迅速提升，面临的贸易摩擦不断增多，使中国在成为全球贸易强国的过程中要承担更繁重的贸易调节负担。

2. 中国对外贸易外部环境复杂化与利益诉求多元化

世界经济周期性波动与当前全球性金融危机的扩展，导致全球经济形势存在很大的不确定性，金融危机没有得到有效的解决，而新的经济增长点无法很快形成，无法拉动全球经济走向稳定和复苏。主要贸易伙伴国经济形势不稳定导致其对中国出口产品的外部需求减少，中国出口形势趋于恶化。与此同时，产业转移、国内就业与贸易问题纠结在一起，使得贸易利益分配问题变得复杂而敏感，中国面对的贸易摩擦并不仅仅是单纯的经济问题，贸易摩擦背后的政治和舆论谋划日益增多，贸易摩擦的战略化与政治化倾向同时并存。尤其是一些发达经济体，针对中国出口产品挑起贸易摩擦并不仅仅是为了获取经济利益，而是为了转移国内视线，赢得政治上获利的资本，完全不考虑经济发展的现实。例如，只要失业问题稍有恶化，美国、欧盟等发达经济体以及印度等发展中经济体国内的利益集团就会以此为借口，向中国挑起贸易摩擦，以转移国内的注意力。同时，贸易摩擦又成为某些行业发展的战略手段。例如，美国在清洁能源领域的发展战略中就规定，一旦中国不按照美国的标准发展清洁能源业，不购买美国的技术和设备，美国将会以节能减排为借口挑起贸易争端。

此外，中国具有优势的一些产业和产品也容易引起贸易摩擦。例如，新兴产业蕴含着贸易摩擦的隐患，当前全球在承接服务外包领域竞争比较激烈，而中国在服务外包领域迅猛的发展势头极易成为贸易摩擦的高风险领域；高科技产品成为贸易摩擦的新领域，贸易摩擦开始向高端产业蔓延成为不可逆转的趋势，中国本土创新的高科技产品将成为与欧美等发达国家争端的焦点问题；中国资源状况和产业体系也成为贸易摩擦增多的隐患，大宗产品进口持续增加，国际大宗产品的价格波动又很大，而中国在大宗产品贸易中因为缺乏国际贸易定价权，经常在价格确定方面发生贸易摩擦，大宗产品贸易摩擦的扩展和稀缺资源贸易摩擦的显现，对中国产业体系升级和安全构成了一定的威胁。[5]

总之，在当今的国际与国内时代背景之下，经济与政治互动关系增强，国内矛盾以贸易摩擦的形式得以暂时释放，国内问题国际化、经济问题政治化、贸易摩擦利益关系复杂化、利益主体多元化成为潮流与趋势，中国面临的国际贸易摩擦形势在整体上也趋于恶化，对于贸易摩擦的新形势、新问题、新领域，我们应该进行全面、系统和深入的研究，在理论上、政策上、实践上做好充分的准备。

二、研究目的与意义

（一）研究目的

经济全球化导致世界经济贸易格局发生变动，主要经济体的经济力量对比发生深刻变化，国家与国家之间的经济互动关系增强，国际贸易呈现出利益关系复杂化、利益主体多元化、实现利益的手段和方法多样化的趋势，贸易摩擦成为贸易自由化进程中不可逆转的现象。本书是在经济全球化的背景下，针对中国对外贸易（出口贸易）摩擦所呈现的新特点和发展趋势，以中国对外贸易（出口贸易）摩擦结构问题为研究对象，从结构的视角全面、深入、系统地研究中国对外贸易（出口贸易）摩擦问题，即研究中国对外贸易（出口贸易）摩擦的国别和地区结构、行业和产品结构、方式结构等结构性问题，在理论上力图通过历史的、发展的和结构的角度考察贸易摩擦对中国经济贸易发展的影响，探讨中国对外贸易（出口贸易）摩擦国别和地区结构、行业和产品结构、方式结构的演变与互动，从结构的角度研究中国对外贸易（出口贸易）摩擦产生、演变的原因和未来的发展趋势，进一步总结对外贸易（出口贸易）摩擦诸结构之间及其与中国经济贸易发展互动的一般性规律；同时，在实践上针对中国已经成为贸易大国的现实，以及国际贸易利益关系变化和国际贸易摩擦呈现的新形式与新特点，针对中国对外贸易（出口贸易）摩擦国别和地区结构、行业和产品结构、方式结构等领域面临的问题，深入研究解决贸易摩擦的新方法和新手段，并针对各种结构问题提出具有可操作性的对策建议，将对外贸易政策的制定指向回归到为中国经济发展和对外贸易服务的本质上来。总之，本书从结构视角研究贸易摩擦产生以及与经济发展互动的一般性规律，针对中国对外贸易（出口贸易）摩擦结构的实践研究可以为未来中国对外贸易的健康可持续发展提供理论基础和实践指导。

（二）研究意义

1. 理论意义

当前，国际贸易发展呈现出新的变化，贸易利益格局、贸易利益关系、贸易内容和形式的变化导致互动性的贸易摩擦不断涌现，贸易摩擦也不再只有反倾销、反补贴、保障措施等传统的贸易摩擦形式，技术性贸易壁垒、绿色贸易壁垒以及知识产权争端等各种新型的贸易摩擦已呈现出不断升级的趋势。随着中国、印度、俄罗斯等新兴经济体逐渐成为国际贸易的积极参与者，国家之间的贸易摩擦也出现动态化的变动态势，经济主体之间的利益关系因全球化的深入而不断改变，国家之间的经贸关系变化导致政治关系的变化，而政治关系的变化又会进一步影响经贸关系，中国与其他发展中国家之间存在着资金、技术、市场等方面的激烈竞争，而与发达国家存在货物贸易自由化的利益一致性。除此之外，贸易摩擦逐渐从产品、企业等微观主体向宏观经济政策、体制、制度等层面延伸，人民币汇率制度、企业用工制度、劳动保障制度等方面的摩擦不断涌现，中国自身在经济结构、产业结构、出口商品与国别结构等方面存在的问题也成为贸易摩擦不断增多的潜在诱因。在当前国际贸易摩擦动态演变的形势下，传统处理贸易摩擦的方法显然已经不合时宜。从结构的视角动态地、综合地研究贸易摩擦的国别和地区结构、行业和产品结构、方式结构等领域面临的问题，以及各种结构演变乃至互动规律与发展趋势，可以进一步丰富国际贸易理论体系的内容，为中国以及其他国家解决国际贸易摩擦、维护公平贸易和保障贸易自由化提供理论支持。

2. 实践意义

作为全球最大的新兴经济体，中国抓住经济全球化和区域经济一体化的国际机遇，经济贸易得到迅速发展，尤其是2002年中国加入WTO之后，中国的出口贸易飞速增长，当年出口额3255.7亿美元，创当时历史最高水平，也因此成为世界第五大贸易国。在随后的几年中，中国对外贸易发展速度更为惊人，2004年中国对外贸易进出口额突破10000亿美元（其中，出口5933.6亿美元，进口5613.8亿美元），成为世界第三大贸易国；2009年在全球金融危机的影响下，中国货物进出口总额仍达到22072亿美元，超越德国成为世界第一大出口国，贸易规模也跃居世界第二位；2013年首次超越美国，跃居世界第一大货物贸易国。不过，WTO数据显示，持续3年世界第一之后，2016年中国进出口贸易额被美国反超。2010年中国超越日本成为世界第二大经济体。中国对外贸易的快速发展使得中国与世界市场的联系越来越紧密，与主要贸易伙伴之间的贸易规模越来越大。与此同时，一些贸易伙伴国以维护公平贸易、保护本国产业免受中国出口产品的冲击为借口，频繁地制造与中国的贸易摩擦。自1995年以来，中国已经连续16年成为全球反倾销最大的受害国。近来，受全球金融危机的爆发导致实体经济衰退的影响，中国出口产品更是成为贸易摩擦的主要对象。进入危机减弱、经济复苏的2010年，中国出口贸易频繁遭遇贸易摩擦的局面并没有得到改观，而且随着贸易保护主义的抬头贸易摩擦的形势更加复杂。世界银行发布的报告显示，全球47%新发起的贸易救济调查和82%已完成的贸易救济案件都针对中国出口商品发起。更为引人关注的是，除了来自美国、欧盟等发达国家和地区的贸易摩擦不断增多以外，发展中国家针对中国挑起的贸易摩擦也在不断增多，例如，阿根廷对原产于中国的鞋类采取最终反倾销措施，墨西哥对原产于中国的高碳锰铁继续征收为期5年的高达21%反倾销税，印度对中国产农药用化学品二乙基硫代磷酰氯做出反倾销仲裁，哥伦比亚也对原产于中国的打汁机征收临时反倾销税，等等。[6] 由此可见，从中国遭遇贸易摩擦的来源国别看，中国与主要发达国家之间的贸易摩擦呈现出加剧的趋势，而且一些发展中国家也开始频繁地针对中国出口产品不断挑起贸易争端。因而，随着中国逐步履行加入世界贸易组织的承诺，中国货物贸易和服务贸易将更大程度地对外开放，中国出口贸易遭遇摩擦的频率以及摩擦的影响将进一步扩大，并将在很长一段时期内表现出长期性、频繁性等特点。

中国出口贸易摩擦在数量上的增多和范围上的扩大，已经给中国产业结构升级、经济可持续发展带来了诸多不利影响，成为中国对外贸易和经济发展中必须要认真解决的问题。从贸易摩擦国别和地区结构、行业和产品结构、方式结构的角度全面、系统、深入地研究中国出口贸易摩擦问题，有针对性地分析各类贸易摩擦产生的具体原因、发展趋势以及解决办法，对于实现中国对外贸易的健康可持续发展具有重要的实践指导意义。

第二节　研究方法与创新、不足之处

一、研究方法

本书以经济学的研究方法为主体，以国际贸易学、区域经济学、计量经济学、博弈论等学科的相关理论为基础，采用结构主义和系统论、定量分析与定性分析相结合、理论分析与实证分析相结合及多学科交叉等的研究方法，力求对主要问题的研究更加系统和完善。

（一）结构主义和系统论的方法

从结构主义的视角，分别从国别和地区结构、行业和产品结构和方式结构方面研究中国对外贸易摩擦的结构性特征与原因，在具体结构分析的基础上，进一步对各种结构性贸易摩擦问题进行系统性综合研究，以便得到结构之间的系统互动规律。

（二）历史梳理和现实研究相结合的方法

贸易摩擦的产生和发展具有深刻的历史原因，从历史的角度对贸易摩擦的理论渊源和研究成果进行梳理，有助于理解国际贸易摩擦问题发生的原因和影响，结合现实的实践背景剖析贸易摩擦的新趋势和新特点，有利于考察贸易摩擦的动态变化。

（三）理论分析与实证分析相结合的方法

既要体现出对贸易摩擦理论和贸易摩擦结构分析的理论特色，又要有中国对外贸易摩擦解决对策的可操作性内容，从而使本书既有一定的理论意义又有一定的现实意义。

（四）定性分析与定量分析相结合的方法

对贸易摩擦理论梳理、中国对外贸易摩擦的历史演变以及贸易摩擦的结构特征等采取定性的理论分析与描述，总结其发展的规律性特征与深层次原因；同时，进行深入的调查研究，掌握充分的数据资料，为定性分析做好数据支撑。

（五）纵向比较与横向比较相结合的方法

在对中国对外贸易摩擦演变和贸易摩擦结构的分析中，通过与历史的纵向比较和与其他国家的横向比较，能够有效地总结出贸易摩擦的动态规律性现象，吸取国外有益的经验，从共性之中找出规律性，按照规律和特点解决中国对外贸易摩擦的现实问题。

二、创新与不足之处

（一）创新之处

本书的创新之处体现在以下三个方面。

1. 研究视角

目前，国内外关于贸易摩擦结构的研究文献较少。本书从结构的视角，针对中国遭遇国际贸易摩擦的国别和地区结构、行业和产品结构、方式结构等进行较为全面、系统、深入的分析和论证，能够更加全面地展现中国遭遇国际贸易摩擦的结构性特征与趋势，为中国未来应对国际贸易摩擦提供有针对性的实践支撑。

2. 研究思路

关于中国对外贸易摩擦的研究思路通常以成因、演进、效应和应对办法为主线，很少涉及对贸易摩擦结构的定量系统考察，本书力求将数据定量分析与经济学解释相结合，并辅以翔实的贸易摩擦数据，分析中国对外贸易摩擦结构的定性特征与定量关系。

3. 研究主线

本书以国际贸易利益动态变化为主线，将中国遭遇国际贸易摩擦问题放在利益关系复杂化、利益主体多元化、实现利益手段多样化的动态背景下，剖析在贸易利益动态变化的过程中中国对外贸易摩擦结构的动态演变过程与趋势，并在此基础上对未来中国对外贸易摩擦发展的动态趋势做出科学展望。

（二）不足之处

受到当前中国遭遇贸易摩擦已经公开的权威数据的限制，例如，遭遇贸易摩擦的行业结构的具体年度数据、技术性贸易壁垒等非歧视性贸易措施的具体影响等，本书的相关定量研究可能不够精确，对贸易摩擦结构的研究也无法进一步细分，如果能够搜集到更详细的资料与数据，还可以进一步深入研究。

第一章
贸易摩擦的理论探讨与中国对外贸易摩擦结构研究综述

自亚当·斯密以来，各种自由贸易理论的基本结论就是贸易的自由发展可促进经济发展，增加各国和全世界的福利水平，而对贸易进行保护则会成为经济发展的障碍。世界贸易的整体发展一直在坚持实现贸易自由化的目标，各国经济尤其是各国对外贸易政策演变却表明，贸易自由化的实现是一个长期而复杂的历史过程。目前，尽管世界贸易整体的保护程度逐渐由高向低演进，但是，即使是贸易自由化程度相对较高的国家，依然存在程度不等、侧重点不同的贸易保护政策，由贸易保护政策引发的贸易摩擦却愈演愈烈。与此相对应的是，自重商主义以来的贸易保护理论，在一定程度上反映了国际贸易发展的现实，也为贸易摩擦提供了理论基础。本章在综合国内外学者对贸易摩擦内涵理解的基础上界定本书所研究的贸易摩擦的范围，并对贸易摩擦的理论渊源进行系统的历史考察及简评，最后对贸易摩擦成因理论进行一个完整的综述。

第一节　贸易摩擦的内涵

随着经济全球化的不断深入发展，全球经济体之间的经济贸易联系日渐紧密，与之相伴随的贸易摩擦也在不断增多，并逐渐成为国际贸易发展的阻碍。要对贸易摩擦进行深入的研究，就需要对贸易摩擦的内涵进行科学的界定。

一、有关贸易摩擦内涵的论述

中国《辞海》中对贸易摩擦进行过如下定义：所谓贸易摩擦是指资本主义国家间剧烈争夺世界市场的斗争。该定义指出了贸易摩擦从本质上来看是争夺世界市场的斗争，资本主义国家垄断资本为了独占国内市场和扩张国际市场，在贸易领域通常进行激烈的争夺，但是将贸易摩擦主体仅仅限定在资本主义国家又显得过于狭隘，不符合经济全球化发展的客观现实；另外，贸易摩擦本身虽然是一个经济现象，但是贸易摩擦的起因却绝非仅有经济原因，政治原因、文化原因乃至军事原因也常常引发贸易摩擦。王厚双（2004）在《直面贸易摩擦》中将贸易摩擦定义为经济战的一种表现形式，认为“贸易摩擦是指为了本国的国家利益，为了本国的经济、政治、军事需要，为争夺商品销售市场而展开的限制进口和扩大出口的较量、冲突，甚至是激烈对抗。其核心目标是采取各种方式、手段争夺世界市场。贸易摩擦的直接目标是争夺世界市场，实质是发展机遇和生存空间的争夺战”。[7] 该种定义将贸易摩擦的范围进行了扩展，但是仅仅将贸易摩擦的目的简单地归结为限制进口和扩大出口显然仍过于狭隘。

胡方（2001）在《日美经济摩擦的理论与实态》中对经济摩擦定义如下：“经济摩擦是指经济体系中相互联系的各种经济体之间，为了谋求经济利益，获得某种满意结果而针对某种经济问题产生的矛盾和纠纷。”[8] 胡方（2001）的定义强调了经济摩擦的行为主体，指出了经济摩擦的产生条件以及经济摩擦的结果。

林学访（2007）从贸易政策标准的角度给贸易摩擦下定义，将贸易政策标准划分为意识形态标准和经济利益标准。意识形态标准下的贸易摩擦，是指进口国与出口国在意识形态上存在对立，进而针对该出口国蓄意采取贸易制裁措施，通过挑起贸易摩擦来阻止该出口国的经济发展，从而保障进口国及其意识形态下的国家政治、经济利益。因此，意识形态下的贸易摩擦，从动机上将是政治性的，但是其时机只能是经济性的，而且挑起贸易摩擦不需要证实进口国经济发展已经使出口国受到损害，通常进口数额不大的增加就会导致国家间的贸易摩擦的发生。经济利益标准下的贸易摩擦，是指出口国对进口国的经济利益造成了损害，因而进口国有针对性地采取贸易制裁措施，从而导致两个国家间贸易摩擦的发生，进口国以此来保障其长期或短期的经济利益。此种贸易摩擦从动机和时机上将都是经济性的，进口国往往处于长期的经济萧条与衰退之中，而其他国家产品的大量出口又恰巧对其造成了冲击，使得其国内相关的产业更加萧条或衰退。

王桂敏、孙彤（2007）认为，无论何种摩擦形式，其基本的理论根源都是国际贸易利益的存在以及各国对贸易利益最大化的追求。当一国为了追求本国贸易利益最大化，采取“以邻为壑”的贸易保护政策措施，或者一国采取的措施有悖于国际贸易的发展趋势时，国际贸易摩擦就会不可避免地发生。贸易保护理论并不是自由贸易主义的完全对立面，两者在理论和实践上都存在着并存的基础，其中自由贸易作为贸易趋势和基本框架存在，保护贸易是作为手段而存在，两者的并存则在客观上成为国际贸易摩擦发生的直接原因。

二、本书对于贸易摩擦的界定

以上有关学者对贸易摩擦的定义基本都是通过表现形式来界定的，具有一定的科学性和合理性，但是从现实世界发生贸易摩擦的案例和趋势来看，以上有关贸易摩擦概念的阐述仍然显得较为狭隘，没有完全揭示出贸易摩擦的实质，有必要从更广泛的角度对其进行全面的阐述。

本书认为，从更加广义的角度对贸易摩擦进行界定才能涵盖其所有的经济内容，其范围涵盖贸易、货币、汇率、投资、经济制度和经济政策等各领域，在此基础上本书将贸易摩擦界定为：国际社会中建立经贸关系的经济体之间为实现自身福利最大化而产生的矛盾或纠纷，以及为解决这种矛盾或纠纷而展开的各种政治、经济和外交斗争，是经济体之间利益冲突与碰撞的一种通常形式。在这个更广义的贸易摩擦定义中包括以下五个基本要素。第一，产生贸易摩擦的前提是国际交往的存在，没有建立经济贸易关系的经济主体之间不可能产生经贸摩擦。第二，贸易摩擦是一种动态过程，在整个过程中贸易摩擦的行为主体为追求自身利益最大化的目标，采取“以邻为壑”的贸易保护政策与手段，或者采取的措施有悖于国际贸易自由化发展的趋势，贸易摩擦便不可避免。行为主体的利益是一个多元化的概念，既有企业、集团和地区的利益，又有国家整体的利益；既有眼前的现实利益，又有未来的长远利益。第三，贸易摩擦的结构是非正和博弈，即不存在使行为主体双方都受益的贸易摩擦，贸易摩擦产生的福利效应只有两种结果：要么所有参与贸易摩擦的经济体福利都恶化，要么一个经济体福利的增加以其他参与贸易摩擦的经济体福利的损失为代价。第四，贸易摩擦的主要解决途径有经济谈判、政治协商或施压、外交对话等手段，并最终通过自愿出口限制、国际争端机构仲裁等形式予以化解。第五，贸易摩擦的产生具有广泛性，不但发达国家之间存在贸易摩擦，发达国家与发展中国家之间、发展中国家与发展中国家之间的贸易摩擦也经常发生，例如日美贸易摩擦、欧美贸易摩擦、中美贸易摩擦、中印贸易摩擦等。

第二节　贸易摩擦的理论渊源

从世界贸易发展历史来看，自由贸易和贸易保护一直是经济学家和政治家的争论话题，贸易保护主义的理论主张不同程度地反映在世界各国不同时期的贸易政策当中，并伴随着经济周期的更迭而交替地使用，由贸易保护引发的国际贸易摩擦也随着理论研究的深入在具体范围和实施手段上不断扩展。从国际贸易理论的发展来看，贸易保护理论是西方国际贸易理论史上最早的学说；即使是传统的自由贸易理论在观念上也没有走向绝对自由，并不排斥必要的保护。从现实来看，从特定部门的双边贸易争端到多边的贸易摩擦问题，国际贸易关系经历着前所未有的冲突。[9]因此，从重商主义开始，为保护寻求理论依据的努力从来就不曾停止过，贸易保护理论的不断发展为贸易摩擦提供了更贴近现实的理论解释。

一、传统贸易保护理论

（一）重商主义贸易保护理论

早期重商主义强调国家贸易政策的指导原则应该是增加国内货币的积累，其手段则是通过行政或法律的手段禁止货币外流，实行贸易保护政策。在这一思想的指导下，当时的英国、西班牙、葡萄牙等国政府均实行贸易保护政策，采取保护关税发展本国工业及奖励出口等行政措施；通过法令规定外国商人必须将出售货物所得的全部货币，用于购买当地的商品；利用军事手段加强海上力量，争夺殖民地。晚期重商主义对早期重商主义的货币差额论提出了批评，强调贸易差额论，认为货币只有投入流通才能实现增长，同时也一样认为国内贸易不能增加国家财富，只有对外贸易才是国家财富增加的唯一途径，但必须坚持多出口少消费的原则；提出奖出限入的贸易保护政策，以保持贸易顺差；强调国家干预对外贸易。[10]

（二）幼稚产业保护理论

在《政治经济学的国民体系》一书中，李斯特建立了完整的幼稚产业保护理论体系。李斯特认为自由贸易理论忽视了国家利益，因而会使落后国家陷入灾难之中。因此，自由贸易的有利性是有条件的，必须以各国不同的经济发展为出发点，对经济实行强有力的干预以保持其经济利益。据此，李斯特认为经济落后的国家应该实行贸易保护政策，以此来抵御进口产品与国内产品的竞争，进而促进国内生产力的发展与落后产业的成长。从保护对象来看，对于尚处于建立和发展初期，还不具备与国外产品进行自由竞争的幼稚工业进行重点保护。通过对重要工业部门、通过成长能与国外产品竞争的部门以及技术部门的重点保护，以此来带动国内生产力的进步。从保护手段上看，贸易保护应以关税保护为主，关税税率也应该随着幼稚产业的成长、科学技术水平的提高而提高，当本国幼稚产业成长起来并具有一定的竞争能力之后，则应当逐步降低保护程度，通过国外进口产品的竞争来刺激本国产业的进一步发展。从保护的时间来看，当被保护的产业部门生产的产品价格低于进口产品时，或者经过一段时间的保护仍然不能自立，不具备与外国产品竞争的能力，就应当放弃对其的保护，时间应以 30 年为限。[11] 这一理论经过穆勒、肯普和小岛清等人的发展，最终形成一套系统的贸易保护和政府干预理论。[12][13]

（三）新重商主义

英国经济学家约翰·梅纳德·凯恩斯面对资本主义经济危机和各国严重的失业现象问题，在对传统自由贸易理论进行批判的同时，对重商主义的观点给予了肯定合理的评价，因此该理论被称为“新重商主义”。凯恩斯认为，传统贸易理论与重商主义的分歧主要体现在以下方面：首先，重商主义关注整个经济体制的设计与管理，以及这一体制如何才能保障经济体系内的全部资源得到最大化利用；其次，重商主义的所提倡的贸易差额论具有一定的科学性，传统贸易理论忽视了国际贸易在自动平衡过程对一个国家的经济尤其收入和就业水平可能引起的不利影响。重商主义提倡的贸易顺差增加了顺差国的货币供应量，从而降低利率、刺激投资，最终能促进国民收入增长。此外，对于一个国家来说，增加国外投资的唯一的和直接的办法就是保持对外贸易顺差。[14] 虽然凯恩斯肯定了重商主义所提倡的“限入奖出”思想，强调政府积极干预对外贸易，实行超保护贸易政策，但是在《就业、利息和货币通论》中凯恩斯并没有建立系统的国际贸易理论。汉森、萨缪尔森和哈罗德等人发展了凯恩斯关于贸易方面的主要思想，从而形成了整体的新重商主义贸易保护理论。在新重商主义指导下，为了保障本国经济利益必然实行贸易保护政策，而一国的贸易保护又会遭到伙伴国的报复，由此引发的贸易保护主义盛行以及互相报复的贸易战，会使参与的国家都无法实现出口的扩大，世界贸易量减少或停滞对各个国家都有害无益。此外，新重商主义提倡的贸易保护是为发达国家转嫁经济危机服务的，这会进一步导致发展中国家贸易条件恶化，致使南北经济矛盾更加尖锐。

二、新贸易保护主义

20 世纪 70 年代中后期，各国的贸易政策开始放弃自由放任思想的指导，倡导以管理为主要手段的贸易保护主义，从而导致了世界性的贸易保护思潮，这一贸易保护政策被称为新贸易保护主义。新贸易保护主义的兴起有着深刻而复杂的国际政治经济背景，1973 年之后，世界范围内的能源危机、货币危机、债务危机以及高失业率给发达国家的经济造成了严重的负面影响，为保证国内的就业和政治经济的稳定，各国开始重新考虑国内市场保护的问题。与此同时，关税与贸易总协定（General Agreement on Tariff and Trade，GATT）将关税壁垒作为首要问题提上议事日程，并在各成员间达成基本共识，逐步地、有计划地分地区和成员进行关税减免，直至最终消除关税壁垒、实现贸易的自由化。在这样的时代背景下，曾经作为传统贸易保护主义主要政策工具的关税壁垒，在很大范围内已无法有效实施，失去了实现贸易保护的有效性。另外，经验研究也表明，关税壁垒等传统的贸易保护措施“经济成本”和“政治成本”相对较高，并且容易遭到贸易对象国的报复，从而引发国家间的贸易战，因此，新贸易保护主义便转而寻求其他的贸易保护措施与工具，绿色壁垒、技术壁垒以及社会责任壁垒等与现行 WTO 主导的多边贸易体制并无矛盾的贸易保护政策工具逐渐兴起。新贸易保护主义并不排斥原有的贸易保护理论基础，在坚持重商主义和新重商主义等经典理论的同时，又对这些理论进行了拓展。新贸易保护主义的代表性理论包括以规模经济和不完全竞争为研究路径的战略性贸易理论[15]，以及地区经济主义新贸易保护论[16]、管理贸易论[17][18]和公平贸易论等[19][20]。

新贸易保护主义采取的贸易壁垒在早期时候，为一些发展中国家保护国内弱势产业提供了一定的便利条件，但就当前新贸易保护主义发展的趋势来看，各种非关税壁垒逐渐演变成发达国家提高其市场准入标准，降低来自发展中国家产品的市场竞争力，从而达到保护发达国家“夕阳产业”目的的政策工具。尤其是欧美发达国家刻意提高技术标准、安全标准、环境标准、质量标准以及其他市场准入标准，其目的就在于在执行标准细化的过程中，以更隐蔽的形式提高贸易保护的功效。总之，现阶段的新贸易保护主义具有名义上的合理性、形式上的隐蔽性、手段上的欺骗性等特点，并向着战略上的进攻性逐渐发展。

三、新型贸易保护主义

2008 年爆发的国际金融危机严重影响到全球实体经济，无论是发达国家还是发展中国家都经历了不同程度的经济下滑和衰退，面对全球性的经济困境，全球的贸易保护在实施手段、保护范围和实施形式上都出现了一些新的特点。

（一）贸易保护的新特点

以往的贸易保护主义通常是通过大幅提高进口关税以及直接对进口数量进行限制，以避免本国企业不受或少受国外进口产品竞争。但是，在金融危机导致全球经济衰退的背景下，传统的保护措施容易引起贸易伙伴国的强烈反应，进而采取报复性的贸易保护手段，最终的结果只能是两败俱伤。因此，2008 年金融危机以来，贸易保护在形式上、范围上都发生了很大的变化。

1. 保护的范围不断扩展

传统的贸易保护主义主要放在商品市场的保护上，保护的重点对象是幼稚产业，例如一些新兴产业以及一些与就业关系比较紧密的夕阳产业，比如发达国家的纺织业和钢铁业等。在全球金融危机的背景下，新贸易保护主义的保护范围迅速从原来单一的对商品市场的保护转移到了对本国就业市场和金融市场的保护，将贸易保护的范围扩展到服务业、金融业、高技术产业以及知识产权、汇率制度、宏观政策等领域，以期维护国内经济的稳定与复苏。2009 年 2 月 18 日，奥巴马签署 7860 亿美元救市计划，购买国货成为其中重要条款，此举引起其他国家的一致反对，由此导致全球贸易保护主义不断抬头，各国在谴责美国做法的同时，也纷纷出台相关的贸易保护法案，将贸易保护从商品领域扩展到商品生产、劳动力雇佣等环节，甚至有部分国家开始对雇佣外籍工人进行严格的限制。例如，美国参议院就通过了议案，要求国内接受政府救助的银行等金融机构外籍员工不得超过员工总数的 15%，而且在招聘的过程中要优先考虑本国的申请者；英国政府于2008年也出台了相应的政策，对外籍工人签证的发放进行严格的管制，以此来限制低技术的劳务输入；德国、法国也出台了相关的不同程度的限制性政策。除此之外，在金融领域，部分国家为了帮助本国银行应对金融危机，把资本从新兴市场中抽离，导致新兴市场资金出现严重短缺，使得全球经济形势更加恶化，对跨境资本进行严格的监管和限制，同时竞相贬值货币，这些都成为新贸易保护主义在金融领域的表现。

2. 政府干预的主动性不断提升

按照以往传统贸易保护主义的指导，贸易保护政策的制定与实施往往是防守性的，其目的就在于通过设置贸易壁垒限制进口产品同本国产品的竞争，从而保护国内市场，为本国的幼稚产业或弱势产业提供足够的生存与发展空间，通过保护来提高本国产业的国际竞争力。但是，在此次金融危机中，各国政府开始主动干预全球化的市场，以便通过行政手段干预自由市场自发调节力量，即贸易保护导致了生产的低效率，但相对于经济全球化带来的对本国产业的冲击，由贸易保护引起的代价更小或者是可接受的。尤其是西方发达国家，为了率先恢复本国实体经济常常奉行双重标准，口头上主张推动贸易自由化以共同应对全球性经济危机，但是在行动上却推行贸易保护主义保护本国经济。在实施手段上，发达国家不仅继续采取传统的保护手段，还进一步通过法律制度和行政干预，设置各种新型的保护措施，例如，征收高额反倾销与反补贴税、动用保障条款等，以达到削弱进口产品竞争力，或者限制外国产品进入本国市场的目的。2009年，世界银行发布的《贸易保护：初现端倪但趋势令人担忧》报告指出，尽管2008年11月在华盛顿召开的二十国集团峰会上，与会国家都极力宣称反对保护主义，但是该集团中的部分国家仍然在实施不同程度的保护主义。金融危机之后，掌控着绝大多数领域的贸易谈判权和规则主导权的以美国为代表的西方发达经济体，在调整本国贸易政策和手段的同时，还以对外贸易平衡、市场秩序维护和可持续发展等为借口，在全世界范围内运用政治、经济、外交、科技、文化等力量，对贸易伙伴国尤其是发展中国家在市场开放、汇率、环境保护、知识产权等领域施加压力。美国在力促美元主动贬值的同时，在汇率政策上向其他国家施加压力，其目的就在于以此向其他国家转嫁危机的损失和后续风险。由于中美贸易不平衡的影响，美国历来对人民币汇率政策保持高压姿态，经常指责中国政府操纵汇率，进而要求中国调整汇率制度，使人民币大幅升值。随着金融危机加剧，运用国内立法和行政干预手段实施积极主动的贸易保护，把复杂的双边或多边贸易往来变成单一的主权国家内部问题处理，成为新贸易保护手段变化的特点之一。

3. 保护的手段多样化与隐蔽化

关税、配额等传统的贸易保护手段越来越多地受到 WTO 规则的限制，于是一些发达国家开始利用 WTO 的例外条款进行贸易保护，对反倾销、反补贴、保障措施等贸易救济调查纷纷立法，将贸易保护政策法制化、制度化，以便在国内外获得合法性基础。但是，实施明显的贸易保护措施容易引起贸易对象国的报复性措施，因此金融危机下的贸易保护主义的形式更加复杂多样，贸易保护的形式也更加具有隐蔽性。例如，印度尼西亚政府规定，对于进口的服装、鞋、玩具、电子产品和食品饮料五类商品，必须在丹绒普禄等指定地点进关，而且这些商品必须由注册立案的进口商进口，以便于对货物流通的监督与管理，该项规定大大延长了商品的通关时间，起到了间接阻止商品进口的良好效果；阿根廷生产部也于 2009 年发布公告，对汽车、卡车、公交车以及农用机械使用的轮胎采取非自动进口许可证制度；美国、欧盟、日本以及拉丁美洲的一些国家在质量标准、技术法规和技术认证等方面设置了多种壁垒，纷纷出台的技术性贸易壁垒导致各国技术认证制度差异较大，认证的难度和成本费用较高，技术性贸易壁垒也逐渐成为世界范围内出口贸易的主要障碍。[21]而且，随着经济全球化和区域经济一体化的发展，区域性经济一体化集团逐渐成为新贸易保护主义实施贸易保护的基础，此举既增加了区域集团的整体经济实力，也扩大了贸易保护对象的范围。金融危机下，贸易保护主义的这种区域性特征得到了进一步的发挥。例如，在北美自由贸易区内，美国政府实施“购买美国货”的经济刺激方案遭到加拿大政府的严厉批评。对此，美国总统奥巴马访问加拿大时作出承诺，美国政府实施的“购买美国货”措施不会损害美加两国的双边经贸关系，也不会因此而修改北美自由贸易的相关协定。由于区域性一体化组织具有天然的排他性和贸易保护性，使得以区域一体化集团为基础的贸易保护实施更为隐蔽。

（二）贸易保护的影响

1. 贸易自由化进程放缓

由于谈判议题难以协调，各成员国对利益预期的差异又比较大，于2001年末启动的WTO多哈回合多边贸易谈判进展极其缓慢，不仅没能完成预期的目标，在内容上也没有取得太多实质性的进展。金融危机后新一轮贸易保护主义的抬头引发了各成员国对自身利益目标的修正，一些主要成员偏离WTO规则的既定轨道，其推行的贸易保护做法使其他成员对贸易多边自由化的推进产生了怀疑，并开始更多地关注对贸易保护的应用与对抗。贸易自由化动力不足以及贸易保护主义盛行的双重挤压，必然会使得本来已经极为困难的多边贸易谈判陷入进退两难的僵局。

2. 经济全球化进程受阻

金融危机使得国际市场上资金流萎缩与商品流过剩的矛盾更为突出，世界分工体系、贸易体系、金融体系等受到严重冲击，破坏了以前相对有序的经济全球化与贸易自由化进程，经济全球化与贸易自由化的水平也受到金融危机的影响出现回落。金融危机期间贸易保护主义的抬头导致全球一体的国际市场遭到不同程度的人为分割，不同类型市场之间原有的联系与互动减弱，经济全球化的进程也因此缺少了有效的合作纽带。另外，国家间的贸易保护减弱了商品、要素等市场的流动性，全球范围内资源配置的效率与规模也因此下降，导致经济全球化失去了坚实的合作基础。而且，贸易保护主义的抬头严重扭曲了全球化利益的分配格局，导致各经济体所得利益份额的无法顺利实现，贸易保护引起的两败俱伤格局大大挫伤了各个国家参与经济全球化的积极性。

3. 国际贸易增长受到抑制

从经济理论和经济发展实践来看，国际贸易的规模要取决于全球总需求规模以及世界贸易自由化的程度。受到金融危机的冲击，国际分工体系和国际化生产体系作为国际贸易的基础遭到严重破坏。同时，伴随着危机后贸易保护主义的逐渐盛行，国际贸易的增长受到非常大的限制，这一点可以由

1929～1933 年大危机后的贸易变动轨迹来验证。对此，世界贸易组织早在 2009 年 7 月 1 日就曾发出警告，全球范围内贸易保护主义的盛行将导致全年世界贸易总额萎缩 10%，发达国家和发展中国家分别减少 14% 和 7%。2010 年 3 月 26 日 WTO 发布的贸易统计资料显示，2009 年的世界贸易总额下滑达到 12.2%。如果贸易保护主义盛行的状况得不到有效缓解，世界贸易下滑的趋势将没有办法从根本上得以扭转。

4. 全球经济复苏步伐延缓

经济全球化使合作共赢成为发展的共识，任何国家必须将自身置于全球化进程中才能得到充分的发展，国家间激烈的贸易保护对抗只会带来两败俱伤结果。经济史学家的研究发现，1929～1933 年大危机之后，世界经济长达 10 年的大萧条，与美国在危机之初就挑起贸易战有着直接的因果关系。国家之间的贸易保护不仅制约了资源配置的范围和效率，限制了贸易对经济复苏推动作用的发挥，而且在贸易保护的相互对抗乃至贸易战之中，贸易双方的对立情绪会不断激化，容易导致贸易双方陷入“囚徒困境”。此外，贸易保护的实施还大大增加了政策的运行成本，这是对经济复苏的成果最为直接的消耗。由此可见，要想让本国和世界经济都能稳步走出经济危机的困局，必须依赖于自由化贸易环境的重新构建。

第三节　贸易摩擦的理论分析

从贸易保护理论的发展来看，任何一种贸易保护理论对贸易摩擦问题都没有进行直接研究，但是，单边的贸易保护措施要么成为挑起贸易摩擦的直接诱因，要么与贸易摩擦的发生紧密相连。因此，以贸易保护作为理论的基础与渊源，各个时期的经济学家们对贸易摩擦产生的成因、贸易摩擦演进的动态过程等问题进行了理论上的论述与构建。按照分析角度的不同，可以将贸易摩擦的理论研究分为四个方面，即微观经济分析、宏观经济分析、政治经济学分析和制度分析。

一、贸易摩擦的微观经济分析

（一）完全竞争条件下的贸易摩擦理论

在完全竞争市场上，整个经济运行通过“看不见的手”的充分调节，能够实现资源最优配置从而达到一般均衡的帕累托最优。因此，按照亚当·斯密绝对优势论和赫克歇尔·俄林的要素禀赋论的传统国际贸易理论，国家之间始终能够在均衡的条件下开展国际分工与合作，并通过国家间的自由贸易最终实现福利的最大化，也就不会因此而产生贸易摩擦问题。但是，如果参与贸易的国家没有遵循完全竞争的市场规则，偏离了优势互补的国际分工格局，出现一定程度的市场失灵或经济扭曲，那么将导致参与贸易的某一方对自由贸易的观念发生改变，自由贸易政策将不再被视为福利最大化的最有效途径，实行自由贸易的动力将因此而逐渐减弱。如果国内市场发生扭曲，贸易国一方采取的补救措施依然会推动自由贸易的发展；如果市场扭曲发生在国外市场上，贸易国一方采取的补救措施，比如对出口进行补贴等，自由贸易将不会维持最优均衡状态，于是就会引发国家间的贸易摩擦。[22]要消除贸易摩擦则需要进一步完善市场体系，消除市场扭曲问题，恢复完全竞争的市场状态。关于以市场失灵为特征的贸易摩擦问题，最具代表性的是贸易与产业调整理论，该理论指出市场失灵的原因在于短期内生产要素的非流动性，因此贸易摩擦只能出现在短期；长期生产要素的自由流动贸易摩擦也就会自动消失。[8]完全竞争市场上出现贸易摩擦的另一个原因就是技术进步，布里奇斯、克鲁格曼和齐登（1993）指出，技术落后国追赶大国的蛙跳式技术进步可能会导致其技术赶超领先国，于是技术领先国会试图限制它们最先进的技术扩散到外国竞争者手中，保护它们的知识产权不受追赶国侵占，从而引起国际贸易摩擦。[23]

（二）不完全竞争条件下的贸易摩擦理论

完全竞争只是经济学理论上的理想状态，现实世界中则更多是不完全竞争的市场，不完全竞争市场结构也成为贸易摩擦的主要原因。以不完全竞争市场为假设的贸易摩擦理论是战略性政策理论的一个组成部分，根据战略性贸易政策理论的解释，在不完全竞争的市场条件下，具有垄断能力的厂商能够获取垄断利润，这对于厂商而言是一种额外的收益，因此，政府可以通过出口补贴或对本国市场保护等贸易政策来影响或改变厂商的战略行为，从而使本国能够在贸易中获得额外的收益，由此引发贸易伙伴国的报复行为则导致了贸易摩擦的产生。[24]欧文和帕尔尼克（2004）通过对波音和空客两家飞机制造企业竞争关系的研究指出，两企业对政府的游说和寻租行为直接导致了贸易争端的产生和激化。[25]另外，在经济利益的驱动下，发达国家通常对一些低附加值的传统产业进行贸易保护，同样会导致国家间的贸易摩擦。事实上，任何形式上的政府政策介入所导致的利益的重新分配都会引发贸易摩擦问题。

此外，国内的一些学者也从微观经济的角度分析了国际贸易摩擦的有关问题。例如，黄晓凤（2008）从产业分工的角度分析了贸易摩擦的形成，认为贸易摩擦产生于各国产业结构的趋同；[26]尹翔硕和李春顶（2007）利用南北国家出口产品的市场结构差异分析了贸易摩擦的产生；[27]李春顶（2008）又从国际贸易技术溢出的角度分析了贸易摩擦的产生，认为发达国家发起贸易摩擦的目的在于防止本国企业的技术溢出效应；[28]等等。

二、贸易摩擦的宏观经济分析

（一）内外均衡与贸易摩擦

在开放的经济条件下，宏观经济整体均衡就包括内部均衡和外部均衡两个方面，而宏观经济的整体运行状况则要取决于内部与外部均衡的状况以及两者的协调程度。从总量关系来看，国内储蓄和投资之间的差额可以通过外部经济加以弥补；从结构关系来看，国内供求之间的结构性差异也可以通过外部经济来加以弥补。在上述内外互补的关系中，国际贸易政策的实施不仅要维持外部均衡，而且还要使其能够促使进出口满足内部经济发展、变化和调整的需要。于是，在经济结构的不断调整过程中，反映外部平衡关系的经常项目和资本项目的收支情况就需要根据内部平衡关系的要求进行调整，于是当国际收支状况严重失衡，通过改变贸易政策方向来进行调节时，通常就会直接导致贸易摩擦的产生。但是，国际收支失衡或者贸易差额过大仅仅是贸易摩擦产生的原因，至于贸易伙伴国不平衡的规模在多大程度上会引起贸易摩擦，理论上并没有精确地计算。另外，基于开放经济下内外均衡的互补关系，国内学者林学访从进口国消费者利益最大化的角度解释了贸易摩擦产生的原因。该理论认为消费者从自身利益最大化考虑出发，导致其会产生选择进口产品的消费倾向，这才是引发贸易摩擦的根本原因。但是，贸易摩擦的产生不是简单的贸易问题，而是一个复杂的、涉及贸易双方国内经济乃至世界经济发展过程、现状和制度的问题。贸易摩擦的产生大致会经历以需求为起点的进口诱发、进口导致国家利益受损和国家利益引发贸易摩擦三个阶段，当进口国国家利益明确受到损害后，多数进口国就会针对特定产品进行全面限制，进而引起贸易摩擦的发生。

（二）生产力变化与贸易摩擦

美国经济学家戈莫里和鲍莫尔（2000）通过对传统的贸易模型进行修正，从生产力发展变化的视角解释贸易摩擦产生的原因。[29][30]按照他们的观点，在现代的世界经济中，一个国家生产能力的提高往往会对其他国家的整体福利造成损害，国际贸易可能会导致各贸易国之间产生重大的利益冲突，而并不是向其他经济学家强调的那样会提升全体贸易国的福利。根据该理论，一个国家可以通过生产率的提高改变它在全球均势中的地位，从而产生一个全新的国际贸易模式和经济结果，这种结果就是一个工业化国家会因为其非常落后的贸易伙伴发展新产业从而使生产率得到普遍提高而获益。但是，这种获益的过程通常都会有一个转折点，即当其贸易伙伴的新兴产业在全球市场上开始占有更重要的位置时，该贸易伙伴发展更多的产业将不利于发达国家。于是，为了确保利益最大化目标得以实现，发达国家为维持其对贸易伙伴的巨大优势将展开激烈的竞争，这样就导致了贸易国之间的重大利益冲突，产生两国间的贸易摩擦。该理论还给出了确定均衡结果位置的现实指标，即贸易国之间的工资差异，理想的贸易伙伴的工资要比该国本身的工资低50%～70%，一旦工资差异超过了上述指标，两国之间的利益冲突就会引发贸易摩擦。

三、贸易摩擦的政治经济学分析

主流经济学倡导自由贸易是各国政府的最佳政策，但是现实中贸易保护政策却一直盛行。理论与现实的背离促使经济学家开始从政治过程探寻贸易摩擦的成因，将贸易摩擦成因理论由传统经济学分析转向政治经济学的研究。

（一）国内政治经济学分析

贸易保护的国内政治经济学强调贸易政策是国内各种政治因素与政治力量相互作用的结果，而不单纯的是两国政府之间的战略博弈。[31]这一分析路径大大丰富了贸易摩擦理论。

1. 贸易摩擦与政府的公共利益决策

早期国际贸易关系的研究认为，政府行为的目标是公众利益的最大化。约翰逊（1954）在他的经典论文《最优关税与报复》中，建立了一个两国关税的非合作均衡博弈模型，这一模型解释了政府间最优进口税和出口税的相互影响与决定。[13]随后，迈耶（Mayer，1981）和雷兹曼（Riezman，1982）运用了与约翰逊相类似的方法研究贸易协定产生的原因，得出的结果就是贸易协定是两国政府讨价还价博弈模型的均衡结果。[32][33]不过博弈的最终结果还要取决于许多条件，如当事人对未来收益的评价足够高、威胁是可信的等。例如，钢铁行业引起自身的一些特点和威胁的不可信问题，博弈的最终结果则是贸易摩擦的产生。[34]

2. 贸易摩擦与利益集团的政治压力

由于没有任何自利企图的行为往往是不符合实际的，因而针对政府行为目标是公众利益最大化的假定，许多学者都对此提出了怀疑。其实，政府追求的并不是那些真正能够带来社会福利最大化的政策，而是极力寻求那些使其能够获得最大化的政治支持的政策，这些政策反映的往往就是那些具有真正的政治影响力的利益集团的诉求。[35][36]利益集团通过游说或政治献金的方式来影响政府的政策制定，并根据自身利益最大化来选择或决定对自己有利的贸易政策。贸易摩擦则是一国政府制定贸易政策时，国内政党和利益集团间博弈的必然结果，具体则由以下三个方面因素共同作用产生：政策制定者的目标，贸易保护中受益者与受害者所施加的影响，以及政策制定的监管者与贸易保护中的受益者和受害者之间相互作用的制度设置。[37]格罗斯曼和赫尔普曼（1994，1995）构建了一个正式的研究框架，他们将国内政治因素引入国际贸易的研究中来，假定政府一方面关注一般选民的利益，另一方面又关注特殊利益集团的政治捐助，这样就形成了内外两个层面的相互博弈，即国内利益集团与政府官员间的战略博弈和国际领域中国家政府间的战略博弈。[38][39]在这个博弈模型当中，他们阐述了国内政治对政府的目标会产生怎样的影响以及政府政策将会如何进行选择，指出两国国内利益集团力量的不平衡可能导致关税水平偏离自由贸易状态。在格罗斯曼和赫尔普曼的模型提出之后，古尔德和伍德里奇通过对贸易保护、报复和贸易战背后的动态过程深入考察，发现对外国实施关税等报复的决策同其他贸易政策的决定一样，都是政治博弈过程的结果。最终的选择不是由政府的外生目标所决定，而是两国内部竞争性利益集团的影响力相互对抗的结果，这无疑增加了人们对贸易摩擦背后的动态政治过程的理解。[40]布兰斯特和芬斯特拉（Branstter and Feenstra，2002）进一步构建了一个分析中国贸易和投资自由化政治过程的模型，他们研究的结果表明，政府在制定对外贸易政策的过程中，要权衡外国直接投资和贸易增长所带来的社会收益与由此带来的冲击和国有企业的损失，在这个模型当中，中国的国有企业被认定为具有影响力的特殊利益集团，政府对它们要给予充分的保护，同时还要考虑外国直接投资所带来的工资上涨、竞争效应和利税增加的收益，以及消费者的福利变化。[41]

（二）国际政治经济学分析

国际政治经济学分析是从国际关系或者国际安全的角度解释贸易保护政策的产生，强调国家之间政治经济利益的互动关系，认为国家的贸易政策仅仅是其对外政策的反映，贸易政策制定的最终目的在于增强与国家整体利益相关的竞争力。其中最有代表性的就是由金德尔伯格（1973）、格尔潘（1975）和库拉纳等人（1976）所提出的“霸权稳定理论”。该理论认为，一国对外经济政策由它在国际政治体系中的地位所决定。当国际体系中出现了具有超强军事、政治和经济实力的国家，即霸权国家时，它必然要求建立开放的国际贸易体制，并通过制裁、报复等强制措施来执行对其最为有利的规则。但是，一旦国家霸权地位下降或受到潜在国家的威胁与挑战，它便会逐步从自由贸易转向贸易保护主义。[42]根据这一理论，各国在选择贸易政策时是按照国家利益进行决策，并不仅仅依从效率或福利最大化原则，因而当国际政治经济霸权变化、落后的贸易伙伴进步超过了某一临界状态等发生时，霸权国家就会有贸易保护的冲动，从而引发贸易摩擦的发生。这一点在彼得·卡赞斯坦（1978）的研究中得到充分验证，无论是在19世纪40年代英国霸权的上升阶段，还是20世纪40年代美国世界霸权的日渐崛起，或者20世纪70年代日本、德国在全球经济地位提升时期，国际贸易摩擦都出现了极为显著的变化。[43]

早期国际政治经济学理论倾向于将其他国家的行为视为给定的外生变量，即本国决策的外部环境。20世纪90年代以来，由普特南（1988）提出的双层博弈模型对此做出了大量的修正。[44]该模型指出，政府在制定对外政策和国际谈判时，既要考虑本国国内的政治因素，又要考虑外国政府可能做出的反应。因此，政府面临着两种博弈：国内政治博弈和各国政府间的博弈。在国内政治层面上，各个利益集团试图对政府政策决定的过程施加压力和影响，以便使最终出台的政策符合自身的利益；政府则要通过与不同利益集团结盟使自己的利益最大化。在国际层面上，政府则考虑在可能的范围内使本国利益最大化，使国外获得的收益最小。

除了国外学者之外，国内学者也从政治经济学的角度解释了中国与不同国家贸易摩擦的成因。例如，对中美贸易摩擦政治经济学的解释，李淑俊、倪世雄（2007）构建了国际体系与官僚政治决策相结合的研究框架，探讨了中美贸易摩擦的政治基础；[45][46]尹翔硕、李春顶（2007）认为，边际保护动机导致美国政府的加权福利计算，引起对边际产业的过度保护，从而引发中美之间的贸易摩擦。[47]

（三）贸易保护手段的政治经济学分析

根据新古典贸易理论的分析，不同的贸易保护政策会产生不同的福利效果。例如，关税产生的福利效果要明显地优于配额，而配额的福利效果又优于自动出口限制。但是，在现实中政府有时却偏偏选择配额及自动出口限制这样的“次优”方案。正是针对理论与现实的差异，贸易保护的政治经济学从国内外利益集团和政府之间的博弈来分析保护手段的选择。贸易保护的政治经济学认为，在国际贸易不确定的情况下，数量上的限制是比关税措施更有效的手段，因为它们减少了市场不确定性的影响。[37]罗利、瓦格尼和邵柏克（1995）指出，由于关税措施的保护具有公共物品的性质，如果某一行业的进入门槛相对较低，现有厂商将无法阻止新厂商进入受保护的行业，导致预期的利润和租金耗散。相反，通过对数量限制的直接限制，那些厂商数量少、集中度高、组织严密的行业将会更多地从政府的配额分配中获得收益，进一步将新厂商挡在行业的门槛之外。[48][49]20 世纪 70 年代以来，日本与美国之间广泛采用自愿出口限制，贸易保护的政治经济学认为，出口商可以通过限制出口来提高国际价格，以享有出口配额的垄断权，并有效阻止国内新厂商的进入；与此同时，外国的进口竞争厂商也能以此为契机削减产量并获取国内较高的垄断价格。因此，自愿出口限制对国内外厂商而言都是一种双赢办法，这表明外国政府及厂商是影响一国贸易政策的不可忽视的力量。[37]此外，贸易保护的政治经济学还分析一国政府为何选择低效的贸易政策作为收入分配手段。希尔曼（1982）认为，由于信息不对称及收入再分配的政治成本较低，这就决定了政府更青睐于有些贸易政策。对于贸易政策的受损者来说，数量限制的保护效果并不是可以立即看到的，因此数量限制比关税保护更容易以较低的政治代价而使贸易保护的受益者获利。[37]斯蒂芬·马赫等（1989）学者指出，对贸易保护手段的选择是由一种“最优模糊准则”所控制，政策的模糊性使得通过转移收入所得到的政治收益不易被贸易干预的受损者察觉到。不过，由于模糊性引起的政治支持的减少会带来一定的损失。这是因为效率较低的政策工具将使贸易保护的受益者能分配的收入减少。[37]

四、贸易摩擦的制度分析

许多学者从各国制度差异角度来分析国际贸易摩擦产生的根源。20 世纪 70 年代中期以来，日本经济体制和贸易体制的“异质论”分析了日美贸易摩擦的制度原因。该理论核心就是日本与欧美资本主义国家不同，日本是一个异质国家。[50]除了对日本经济体制和贸易体制的批评，一些学者还对日本的流通体制进行了指责。在欧美国家看来，日本流通体制本身就相当于一个非关税壁垒，有效阻碍着外国商品进入日本市场。因此，欧美国内强烈要求日本开放国内市场，并针对其流通体制提出许多批评。在国外批评的同时，日本学者也进行了反思，对国内体制提出了自己看法。例如，日本学者影山僖一（1995）认为，日美经济摩擦的原因在于没有模仿美国的政治体制。日本产业发展和经济成长可以说是美国的翻版，但却拒绝模仿美国政治和外交方面的政治制度。日本没有实现主权属于消费者和消费者优先的政治体制，这是造成日美贸易摩擦最大的原因。[51]伊藤诚（1990）指出，日美贸易摩擦的一个根本原因在于日本存在着与企业合作的劳动阶级及工会组织，这种合作模式有助于增强国际竞争力、促进出口贸易的发展。[52]日本学者川田侃（1991）则指出，日美贸易摩擦是因为全球管理制度的缺失。贸易摩擦的发生，表面看是由于市场竞争激化所致，实质上是市场扩大已经赶不上整个世界生产能力的需要。换句话说，国际贸易摩擦是“世界市场需要管理过剩生产能力”的内在要求。因此，他认为世界上的经济大国应有责任维持整个世界的供求平衡，通过协商进行国际管理。[53]中国学者胡方（2001）把日美贸易摩擦的原因归咎于日美企业制度的差异，日本企业经营的目标是促进企业长期成长，如市场占有率的扩大和新产品的生产等，而美国企业的经营目标在于获得短期收益的最大化。[8]除了对日美贸易摩擦的研究之外，针对欧美之间贸易摩擦的研究结构也表明，国家之间结构性障碍和制度上的差异是贸易摩擦产生的重要原因。[54]李春顶（2007）则从心理、制度和政治三个不同的角度分析了中美贸易摩擦的成因。[55]

第四节　中国对外贸易摩擦结构研究综述

一、关于贸易摩擦国别和地区结构的研究

（一）关于中国与不同类型国家和地区贸易摩擦的研究

目前，关于中国与发达国家之间贸易摩擦的研究主要集中在中美贸易摩擦、中欧贸易摩擦等具体国家层面，针对中国与发达国家整体贸易摩擦问题的研究也主要是研究其产生的原因以及与发展中国家贸易摩擦的比较。例如，汪威毅（2009）运用戈莫里等人的理论模型，根据中国与美国、欧盟等发达国家和地区贸易摩擦的数据，分析了中国与发达国家之间贸易摩擦的理论根源，认为中国与发达国家贸易摩擦的根源在于产业结构的变化，不同时期贸易摩擦的重点也就集中在不同的产业领域。[56]阚大学（2010）对中国与发达国家、发展中国家贸易摩擦的现状、特点与原因进行了比较分析，并从宏观政策、中观行业与微观企业角度提出了共同与差别的应对策略[57]。焦芳（2011）通过对比1995~2009年不同国家和地区对中国反倾销的特征指出，尽管发达国家（地区）反倾销法律法规较为规范和审慎，但由于与中国的贸易规模较大，其产生的影响也较为严重，因此应建立预警机制以减轻其对中国经济社会的冲击；发展中国家反倾销尽管历史较短，但发展势头迅猛，对此应增强与进口国市场的互补性，减少竞争性产品的出口，以便减少反倾销所带来的损失。[58]与此同时，针对中国对外贸易摩擦逐渐由发达国家向发展中国家转移的趋势，国内学者对中国同发展中国家的贸易摩擦的起因、特点与发展趋势等问题进行了大量深入的研究。魏浩、张二震（2005）对中国与发展中国家贸易摩擦的现状、表现形式以及消极影响进行了深入的分析，并提出了相应的对策；[59]尤宏兵等（2006，2010）针对目前中国与发展中国家贸易摩擦不断增加的发展趋势，分析了中国与发展中国家之间贸易摩擦的特点、原因与影响，并从内外两方面提出了应对

措施；[60]吕博（2006）指出，中国加入世界贸易组织之前遭遇的贸易摩擦主要来自发达国家，加入世界贸易组织以后同来自发展中国家的贸易摩擦不断增加，反倾销成为发展中国家对中国发起贸易摩擦的主要方式，中国的“非市场经济地位”是引发反倾销的重要原因，中国企业之间恶性竞争和应诉不力进一步加剧了反倾销的发生频率；[61]高维新、蔡春林（2009）通过研究发现，贸易利益分配的非均衡性、贸易的资源配置效应、对贸易全球化的认知差别以及世界经济形势的变化是中国与发展中国家（地区）贸易摩擦的深层次原因，发展中国家（地区）将贸易摩擦作为抵消中国竞争力的重要战略手段，使贸易摩擦问题更加复杂化。[62]

（二）关于中国与具体国家或地区贸易摩擦的研究

由于中国和美国之间贸易摩擦问题较为突出，因此，关于中国对外贸易摩擦的国别或地区研究主要集中在中美贸易摩擦问题上。另外，对中欧、中日、中印等贸易摩擦问题也有大量相关的论述。由于相关研究大量而丰富，现仅就具有代表性的观点进行简要综述。

1. 中美贸易摩擦相关研究

针对中美贸易摩擦产生的原因与对策，孙瑞华（2006）阐述了中国加入世界贸易组织后，中美贸易摩擦呈现的新趋势，并具体讨论了传统的、新型的以及潜在的贸易摩擦手段及其特点，从不同角度分析了新趋势产生的根本原因，最后提出了相应的应对策略。[63]尹翔硕（2006）认为，中国具有比较优势的出口领域以及没有优势的进口和技术知识领域是中美贸易摩擦主要发生的两个方面，前者基本上是竞争性的，而后者是市场不完全起作用的，它们对两国经济福利和长期发展的影响是不同的，由于后者对中国的长期发展更重要，因此中国的政策重点应当放在后者。尹翔硕、李春顶（2007）则从心理、制度和政治的角度分析了中美贸易摩擦的成因，从心理角度来看，中美贸易摩擦源于美国人的失衡心理与妒忌心理；从制度角度来看，美国的政策制定制度决定了政府代表资产阶级的利益；从政治角度来看，美国的“集体行动”等政治行为以及美国制造的“中国威胁论”是主要根源。[47]苗迎春（2007）认为，中美经贸摩擦早期以贸易摩擦为主，目前已逐步扩散到金融、财政、投资、税收、技术、能源等经贸问题的所有领域，中美经贸关系开始进入全方位摩擦时代，且中美经贸摩擦具有可控性、政治性、美主动而我被动的整体性特征。王亚飞（2009）认为，大国的兴起必然会引起国际分工格局和利益分配格局的巨大变化，从而导致既得利益国家与新兴大国之间的博弈，中国迅速发展已经成为不可逆转的历史趋势，而中美间的贸易摩擦也呈现出愈演愈烈的趋势。[64]针对中美贸易摩擦的趋势与影响，周千猷、周浩明（2011）认为，中美贸易摩擦是内部和外部贸易环境因素综合作用的结果，主要原因在于美国限制资本与技术密集型产品对中国的出口，因此中美贸易摩擦具有一种持久性趋势。[65]忻华（2010）的研究则进一步指出，对比美国历年对中国反倾销与反补贴调查的立案数的变动可以发现，美国对中国发起贸易摩擦存在周期性波动，这种波动与中美政治关系以及美国国内经济走势并不直接相关，具有相对的独立性，但是与中国宏观经济走势却有较为明显的关联。[66]樊勇明（2011）通过对日美贸易摩擦与中美贸易摩擦的比较认为，日美摩擦和中美摩擦都证明：虽然美国在贸易摩擦的处理过程中会在一时取得丰厚的经济利益，但是，来源于美国的这种外部压力往往能转化成推进新兴大国国内改革的动力，对外贸易摩擦通常会起到引导和推动新兴大国转变经济增长方式和实现产业结构升级的作用。[67]当前中美补贴与反补贴摩擦在向新能源产业领域蔓延，其突出表现为美国对华新能源产业实施“双轨制反补贴”战略。陈利强、屠新泉（2013）认为，中美经济同步转型及美国强化对华贸易执法战略等因素促使美国对华新能源产业实施“双轨制反补贴”战略，中国应当采取合理有效的策略加以应对。张茉楠（2017）认为，当前中美经贸关系的特点是“相互依存”，中美经贸关系的发展途径是“优势互补”，中美经贸合作的本质是“互利共赢”，这是中美经贸关系长期可持续健康发展的“主基调”，中美应重新定义“贸易平衡”关系，着眼于创造中美经贸发展空间，丰富中美“贸易平衡”的内涵与外延，在维护全球多边自由贸易框架基础上，双方应确定未来共同目标，按照“做大增量”的思路深入挖掘中美结构性合作潜力，开启中美经贸新模式。

2. 中国与其他国家和地区贸易摩擦相关研究

王思璇（2009）根据中欧贸易摩擦的现状，从时间维度和摩擦程度、形式、领域、性质和层面等方面对其未来走向进行了预测，利用贸易引力模型探讨了动植物检验检疫措施（SPS）、技术性贸易壁垒（TBT）和反倾销这三大主要贸易摩擦手段对中欧贸易产生的影响。[68]张亚珍（2009）将欧盟分成若干经济板块，联系各个板块的特点分析了中欧贸易摩擦现状与贸易摩擦频发的经济根源，并提出了相应的对策建议。[69]吴艳（2011）通过对中欧贸易摩擦特点和趋势的考察指出，中欧贸易摩擦呈现出明显的行业、时间和类型分布特点，随着中国经济的持续快速发展以及欧盟的不断扩大和一体化程度的不断提高，中欧之间的贸易摩擦有可能会在未来相当长的时期处于高发期，并且在某些领域和某些阶段还会有进一步激发的可能。[70]岳云霞（2008）在分析了中国与拉丁美洲地区贸易摩擦现状的基础上，重点以拉丁美洲国家对中国反倾销为研究对象，分析了拉丁美洲地区对中国反倾销在发起国、产品、操作程序、惩罚结果和后续影响等方面的明显特征，并提出了相应的解决对策。[71]姜明新（2009）分析了土耳其对中国实施反倾销等贸易救济措施的特点及其成因，认为土耳其对中国实施反倾销等贸易救济措施是中国现时经济发展阶段和出口结构的直接反映。[72]

二、关于贸易摩擦行业和产品结构的研究

（一）关于贸易摩擦与中国产业结构的研究

孙建军、张秀峨（2005）指出，在中国对外贸易快速发展的同时，贸易摩擦逐步从产品、企业等微观经济层面向宏观经济政策、体制和制度层面不断延伸，并针对贸易摩擦发展趋势对中国产业结构升级提出了具体对策。[73]路红艳、王保伦（2006）研究指出，加入世界贸易组织后中国遭遇贸易摩擦加剧，这给中国产业发展带来了巨大压力，在替代保护措施不成熟的背景下，将对中国产业安全提出严峻挑战。[74]陈勇（2007）从国际产业转移的角度考察了中国对外贸易摩擦的问题，认为贸易摩擦的深层原因则是国际产业转移背景下国家间的利益博弈，中国在贸易摩擦中的被动局面正是反映出发达国家的话语霸权。[75]田玉红（2008）从中国遭遇贸易摩擦透视中国产业政策的

结构性问题，中国产业政策结构的调整和改善应更加关注贸易摩擦背后不同产业竞争的需要，通过协调贸易政策与产业政策来增强自身产业竞争力。[76]顾春芳（2011）分析了当前国内外经济发展和国际贸易摩擦的新特点以及中国产业安全面临的新形势，针对全球进入贸易摩擦高发期的时代背景，提出应当灵活运用国际贸易规则以保障国内产业安全。[77]另外，李俊慧（2003）通过分析20世纪90年代以来中日贸易额增长和商品结构变化，指出了中日贸易摩擦与两国产业结构调整存在明显的时滞关系，并以此为基础预测未来可能发生贸易摩擦的主要产品。[78]韩擎、杨斐然（2004）从产业结构的角度考察了中美贸易摩擦的特点、原因及发展趋势，认为由于中美两国所处的经济发展阶段和产业结构的形态不同，使得中美贸易摩擦有其产生的必然性。[79]柳剑平、张兴泉（2011）通过对1995～2009年中美、中日制造业产业内贸易进行统计上的比较，结合中美、中日贸易摩擦的现状，证实了产业内贸易水平与贸易摩擦之间具有反向变动关系，产业结构差异对中美制造业产业内贸易发展有较大的影响，只有缩小中美两国之间的产业结构差异，才能有效提高中美产业内贸易水平，并进一步减少中美贸易摩擦的可能性。[80]

（二）关于具体行业和产品贸易摩擦的研究

目前，针对中国具体行业遭遇贸易摩擦的研究主要集中在纺织品、钢铁、轮胎等领域。侯俊军、王耀中（2006）基于对日美、中美纺织品贸易摩擦状况的比较，提出在贸易摩擦中提高产业国际竞争力，利用贸易摩擦推动国内产业结构升级。[81]余珊萍、潘沁（2006）针对人民币汇率机制调整以后，中国与欧美等国家和地区纺织品贸易摩擦没有缓和的现象，认为中国应采取自愿进口扩大措施，并鼓励纺织品企业积极地向发达国家进行跨国并购，以使中国纺织产业保持比较优势甚至形成竞争优势。[82]陈炜、张琼（2009）运用博弈论对中美纺织品服装贸易摩擦进行了分析和讨论，并为中国纺织服装企业应对中美贸易摩擦提出了合理化的建议和策略。[83]刘倩倩、李京（2011）基于中国钢铁产品出口遭遇反倾销的困境，通过建立中国钢铁出口遭遇反倾销的计量经济模型，对钢铁产品遭遇反倾销的主要影响因素进行了实证检验。[84]刘军、王腊芳（2011）针对中国钢铁产品遭受反倾销等贸易摩擦案件增多的现状，测算了 1999 ~2009 年美国对中国钢铁反倾销主要涉案产品的产业内贸易指数，并通过与其他国家横向的对比发现，美国对中国钢铁反倾销贸易摩擦张力较大的涉案产品产业内贸易指数较小，而且美国处于较大的贸易逆差状态。[85]陈继勇、胡渊（2010）利用格兰杰因果检验和 HP 滤波法较深入地分析了中国出口美国轮胎与美国轮胎制造业工人失业之间的关系，揭示了美国对中国出口轮胎实施“特保”措施的不合理性。[86]

三、关于贸易摩擦方式结构的研究

（一）贸易救济措施相关研究

1. 反倾销相关研究

目前，关于中国遭遇反倾销问题的研究成果很多，从最近的研究来看，国内许多专家和学者分别从中国企业遭遇反倾销的原因、国外对中国反倾销的歧视性以及反倾销的影响与应对的角度对反倾销问题进行了分析。于津平、郭晓菁（2011）通过分析国外对中国反倾销的成因以及进口国宏观经济和政治因素对反倾销行为的影响，发现各国对中国反倾销的宏观经济与政治动因存在明显的差异。[87]鲍晓华（2011）对中国遭遇反倾销诉讼的宏观经济因素、报复性因素和制度因素的动因进行了整体检验，通过与其他出口国遭遇反倾销动因的对比来判断中国出口遭遇歧视性反倾销的程度，并通过分组检验比较了发达国家和发展中国家对中国反倾销的歧视性及其原因。[88]易波（2011）利用 2001 ~2009 年的有关数据分析了反倾销对中国出口的影响，结果表明，不同全要素生产率的企业在面对贸易壁垒的过程中受到的实际影响有一定的差别，全要素生产率高的企业受到的影响相对较小，而中低生产率的企业受到的影响则很大。[89]李磊、漆鑫（2010）通过对 1981 ~2007 年中国反倾销数据进行负二项回归方法检验，发现中国对外反倾销威慑和报复能力对国外对中国反倾销在一定程度上产生了抑制效应。[90]丁国民（2010）则指出，中国应在尊重 WTO 基本原则的基础上，重点突出维护公平贸易和保护国内民族产业的原则，制定独立的反倾销法并完善配套法规，彻底解决中国“非市场经济地位”的问题。[91]

2. 反补贴和保障措施相关研究

由于中国遭遇反补贴调查案件较少，目前的研究主要集中在国外对中国反补贴的原因与趋势上。曲如晓（2005）针对我国出口产品遭遇反补贴调查措施开始增多的现象，认为反补贴对中国出口产品的潜在威胁已经转变为现实危害。[92]王建华、范荷芳（2007）从美国对中国反补贴政策立场的演变的视角，研究美国对中国实施反补贴调查的内在动因，并就中国应当采取的相关措施提出了建议。[93]谢辉、李大武（2007）以美国于2006年针对中国铜版纸发起的反补贴调查为研究基础，通过反倾销和反补贴的对比，认为反补贴很难成为贸易救济的主要方式。[94]杨荣珍（2011）通过对中国遭遇反补贴现状的分析指出，中国现行补贴政策中既有与WTO规则相一致的内容，同时也有一些措施仍然需进一步调整和改进。[95]龙英锋（2004）认为特别保障措施对中国的不利影响表现为严重损害了中国作为WTO成员应享有的权利，使中国在对外贸易过程中遭遇很大的不利性，并进一步提出了应对之策。[96]姚新超、冷柏军（2006）分析了区域贸易中实施的保障措施及其争论，并在此基础上为中国订立区域贸易协定的保障措施条款提出了一些建议。[97]李毅（2010）认为，由于《中华人民共和国加入世界贸易组织议定书》等文件对于市场扰乱规定过于简单，导致在现实中许多国家过于宽泛地解释市场扰乱的认定标准，进而滥用特保措施，对此中国应坚持对有关条款严格解释，并重视与对方政府的磋商程序，必要时应该援引WTO的争端解决机制，甚至不排除运用报复手段对滥用特保措施的贸易保护主义行为进行反击。[98]

（二）新型贸易摩擦方式相关研究

中国加入世界贸易组织之后，遭遇的贸易摩擦方式也呈现出多样化的趋势，技术性贸易壁垒、知识产权保护、汇率问题以及“双反”调查都成为中国遭遇贸易摩擦的形式，对此问题专家和学者们也进行了大量深入的研究，在此仅就不同方式的代表性研究进行简单的介绍。孙晓琴、吴勇（2006）对技术性贸易壁垒对中国四大行业竞争力的影响进行了计量分析，研究结果表明，技术性贸易壁垒对产业竞争力的中长期影响并不一定是积极的，会由于各产业技术成熟度、比较优势、技术性贸易壁垒经济功能的方面的差异而有所不同。[99]夏先良（2007）针对其他国家以维护本国的经济安全、保障本国消费者健康、保护生态环境等为借口，使中国出口产品遭遇越来越多极为严格甚至苛刻的技术性壁垒问题，提出了相应的战略性措施。[100]孙晓琴、黄怡伟（2009）以机电产品对美出口遭遇技术性贸易壁垒为实证分析对象，通过协整分析、脉冲响应、方差分解等计量方法研究了金融危机背景下贸易保护对中国出口的短期冲击。[101]陶岚、阳建新、吕鹃、全毅（2011）从技术性贸易措施三要素中的标准角度出发，研究中国企业遭遇国外技术性贸易壁垒的标准化原因以及对外贸易中标准化工作存在的相关问题。[102]针对知识产权保护，陈丽静、顾国达（2011）从知识产权保护及其与技术创新的协同效应等方面扩展了CH模型，并利用1986～2007年的时间序列数据对技术创新、知识产权保护对中国进口商品结构的影响进行了实证检验。[103]吴郁秋（2008）、黄晓凤（2011）、余乐芬（2011）等人就美国对中国开展337调查的历史、趋势、影响等问题进行了研究。[104][105][106]此外，苏振东、严敏（2011）就美国对中国“双反”调查的影响因素，[107]宏结、张波（2011）就美国对中国“双反”调查的原因与经济效应，[108]夏先良（2010）、黄万阳（2011）等人就中美贸易不平衡问题，都有过详细的论述。[109][110]

本章小结

本章主要从历史的角度对贸易摩擦的理论渊源进行了梳理，并总结了有关贸易摩擦研究的主要理论内容以及对中国对外贸易摩擦相关研究的现状。在总结前人关于贸易摩擦内涵界定的基础上，本书认为，只有从更加广义的角度对贸易摩擦进行界定，才能涵盖其所有的经济内容，其范围涵盖贸易、货币、汇率、投资、经济制度和经济政策等各领域。在此基础上本书将贸易摩擦界定为：国际社会中建立经贸关系的经济体之间为实现自身福利最大化而产生的矛盾或纠纷，以及为解决这种矛盾或纠纷而展开的各种政治、经济和外交斗争，是经济体之间利益冲突与碰撞的一种通常形式。而从世界贸易发展历史来看，贸易保护主义的理论主张不同程度地反映在世界各国不同时期的贸易政策当中，并伴随着经济周期的更迭而交替地使用，由贸易保护引发的国际贸易摩擦也随着理论研究的深入在具体范围和实施手段上不断扩展。因此，从重商主义开始到2008年金融危机爆发后的新兴贸易保护主义，为贸易摩擦提供了更贴近现实的理论解释。但是，由于贸易保护的单边措施要么成为贸易摩擦产生的直接诱因，要么与贸易摩擦紧密相连，因而以贸易保护作为理论渊源，经济学家们对贸易摩擦的成因、动态演进过程等问题进行了理论构建。按照分析角度的不同，可以将贸易摩擦的理论研究分为四个层面，即微观经济分析、宏观经济分析、政治经济学分析和制度分析。

第二章 中国对外贸易摩擦的现状、特点与原因等分析

随着经济全球化的推进，国际贸易所涵盖的范围逐渐扩大，贸易对象越来越多，导致贸易摩擦的领域也在不断扩大，贸易摩擦从产品、企业等微观层面延伸到宏观体制、政策层面，贸易摩擦在新背景、新领域中出现了新的方法和手段。尤其是中国经济地位的迅速提升，导致中国对外贸易（出口贸易）摩擦呈现扩大化趋势，中国对外贸易（出口贸易）摩擦的发展也面临着更加复杂的局面。

第一节 中国对外贸易摩擦的现状与特点分析

中国加入世界贸易组织之后，通过世界贸易组织的平台成功融入经济全球化的进程，进出口总额从 2001 年的 5098 亿美元增长到 2010 年的 29727.6 亿美元。2009 年首次超越德国成为世界上第一大出口国，并且超越德国成为世界上第二大进口国，是当今世界上仅次于美国的贸易大国。[111] 与飞速发展的对外贸易相对应，中国遭遇对外贸易（出口贸易）摩擦的形势也越来越严峻。中国对外贸易的飞速发展，导致世界各国针对中国的贸易摩擦在数量上

不断增多，在手段上也呈现出多样化的发展趋势。美国次贷危机引发的全球金融危机爆发后，全球贸易保护主义盛行，中国遭遇的贸易摩擦呈现激化态势。从中国遭遇贸易摩擦的范围来看，贸易摩擦行业从轻工、纺织、钢铁等传统劳动密集型产业，逐步向机电、设备等资本技术密集型产业扩展，并由货物贸易开始向金融、零售等现代服务产业扩散，甚至从微观的单一产品或单个企业扩展到宏观的经济政策层面。在贸易摩擦对象和领域扩展的同时，贸易摩擦的涉案金额越来越高，其影响程度也越来越严重，个别案件甚至对整个行业的生存和发展构成直接的威胁。

一、中国对外贸易摩擦的概况

从中国遭遇贸易摩擦的历史来看，贸易救济措施历来都是国外对中国挑起贸易摩擦的主要手段，其中的反倾销措施更是中国遭遇最多的国际贸易摩擦形式，因此，中国对外贸易（出口贸易）摩擦的演变轨迹基本上和国际对华贸易救济措施的演变轨迹相同。基于此，本节主要以中国遭遇的贸易救济措施为基础分析中国对外贸易（出口贸易）摩擦的演变与特征。

（一）中国对外贸易摩擦的历史简述

1. 改革开放至“入世”之前

自 1979 年改革开放以来，中国走了一条外向型的经济发展道路，外贸的高速增长也引起了越来越多的贸易摩擦。20 世纪 70 年代，只有欧共体和美国对我国出口商品实施过反倾销制裁；20 世纪 80 年代，对我国出口商品提起反倾销调查的国家和地区增加到 7 个，主要是欧共体、美国、加拿大、澳大利亚等发达国家和地区；到了 20 世纪 90 年代，对我国出口商品提起反倾销调查的国家急剧上升到了近 40 个，除了上述发达国家和地区外，越来越多的发展中国家也纷纷对我国出口商品提起反倾销调查。[112]

2. “入世”之后至 2008 年金融危机爆发

自 2001 年加入世界贸易组织以来，中国对外贸易进入高速增长阶段，中国面临的对外贸易摩擦也随之不断增加。自 1995 年以来，中国连续 16 年成为全球遭遇反倾销措施最多的国家，中国遭受的反倾销调查数占全球反倾销调查总数的25%以上；除反倾销之外，反补贴、保障措施和“特保”调查等贸易摩擦案件也有增无减。尽管在理论上WTO成员对中国贸易政策受到WTO非歧视原则的制约，但是实践上中国遭受歧视性的贸易措施现象并没有多大改变。2001年中国加入世贸组织到2008年金融危机爆发前这一期间，随着国际市场的逐步开放，WTO成员针对中国出口产品逐渐取消了数量限制和关税等传统贸易壁垒，中国则充分利用由廉价劳动力而形成的价格竞争优势，轻工、纺织等劳动密集型产品在短时期内迅速抢占国际市场。以纺织业为例，中国纺织品服装出口在2002年达到600亿美元，2004年950.9亿美元，占世界纺织品贸易的25%。2005年，纺织品配额制度取消，中国纺织品的强势出口直接导致美国、欧盟等国家和地区对中国纺织品进口重新设限。随后，中国纺织品出口额在2006年和2007年仍然高达1440亿美元和1712亿美元。与迅速增长的出口额相对应，轻工、纺织业等劳动密集型产品的贸易摩擦也逐渐增多。自“入世”至2006年4月，中国轻工、纺织行业的出口商品遭遇的贸易救济措施占到了总数的1/3和涉案总额的1/2。同时，涉及钢铁、机电等资本和技术密集型行业，以及电信、零售等服务业的贸易摩擦也开始频繁发生。[112]从贸易摩擦的形式来看，反倾销成为贸易摩擦的主要手段，约占国外对华贸易摩擦案件总数的70%，反补贴案件则相对较少。此外，尽管该阶段受到过渡期结束、纺织品协议生效等事件的影响，每年中国遭遇的贸易摩擦案件基本保持在60~70起之间。

3. 金融危机全面爆发至今

2008年下半年，由于美国次贷危机引发全球金融危机爆发，贸易保护主义迅速在全球范围内蔓延，世界主要经济体采取“以邻为壑”的政策导致贸易摩擦在全球范围内迅速增长。中国由于巨额的进出口贸易额、非市场经济地位以及出口产品结构的特殊性等原因，成为遭受贸易伙伴国发起贸易救济调查案件最多的国家。尽管2010年世界经济已经开始明显的复苏，但是全球范围内的贸易保护并没有因此而有所减弱，各类限制贸易的措施依然被频繁使用，但是相对于金融危机期间中国遭遇的贸易摩擦数量开始下降。根据中国贸易救济信息网统计，2009年全球对中国启动了贸易调查128起，创历史最高水平；2010 年全球对中国贸易救济调查数量有所下降，共发生 75 起，但是中国依然是各国发起贸易救济调查的主要对象国。例如，美国 2010 年所启动的 3 起反倾销和 3 起反补贴调查都是针对中国商品。在遭遇贸易摩擦数量不断增长的同时，贸易摩擦的涉案金额和发起国范围也不断扩大。根据商务部发布数据统计，2006 年贸易救济调查涉案金额仅为 21 亿美元，2007 年激增至 46 亿美元，2008 年继续增加至 62 亿美元，到 2009 年突破 100 亿美元。[113]目前，由于欧债危机等不确定因素导致世界经济形势依然不容乐观，贸易保护主义在长期内仍然不会消退，中国遭遇对外贸易摩擦的风险依然很大。

（二）中国对外贸易摩擦的比较分析

1. 整体比较

中国在加入世界贸易组织之后，全球贸易摩擦数量开始呈现逐步下降趋势，但是同期中国遭受贸易摩擦立案调查的数量却在不断增长。1995 ~ 2002 年，世界贸易摩擦立案调查共计 2109 起，年均 301 起；在此期间，中国遭受国外贸易救济调查 315 起，年均 45 起。2002 年至 2008 年上半年，世界贸易摩擦立案调查共计 1570 起，年均 242 起，下降幅度 20%；在此期间，中国遭受国外贸易救济调查 569 起，年均超过 81 起，增加幅度达到 80%。[113]与此同时，中国遭遇贸易摩擦立案调查的数量占全球总数量的比重也迅速上升，以反倾销、反补贴和保障措施三项传统摩擦方式为例，中国遭受三种传统贸易摩擦立案调查数量占全球总量比例由 20 世纪 90 年代中期的 18% 上升至 2007 年的 48%；随后该比例有一定程度的下降，但是所占比例仍然在 40% 左右。如图 2 - 1 所示。

另外，"入世"之后中国遭受的反倾销摩擦与中国贸易量比重在逐渐下降，但是该比重仍然远远高于全球的平均水平，这与中国在全球贸易体系中的地位很不相称。1995 ~ 2001 年中国每百亿美元实际出口量遭遇反倾销调查为 2.05 起，同期世界每百亿美元实际出口量遭遇反倾销调查为 0.54 起，仅为中国的 1/4；2002 ~ 2006 年中国每百亿美元实际出口量遭遇反倾销调查为 1.02 起，下降了 50%，同期世界每百亿美元实际出口量遭遇反倾销调查为 0.32 起，中国依然是世界平均水平的 3 倍。[113]这充分说明中国遭受反倾销调查的频率很高，世界对中国出口商品存在较大的歧视行为。

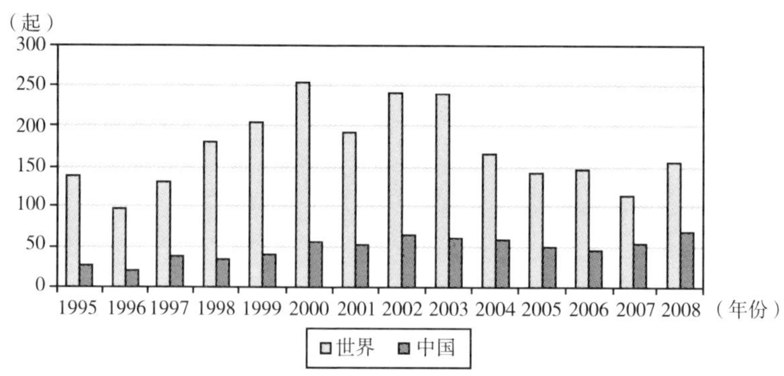

图 2-1 1995~2008 年中国与世界传统贸易摩擦立案调查情况趋势对比

资料来源：杨艳红. 国际贸易摩擦的新格局［M］. 北京：中国社会科学出版社，2009：68.

2. 国别或地区比较

从全球贸易救济案件前十位目标国的比较来看，不管是贸易救济立案数量，还是最终贸易救济措施的数量来看，中国都处于遥遥领先的地位，中国遭受贸易救济措施调查的数量比第二位的韩国高出一倍以上。从表 2-1 中可以看出，1995~2006 年，中国遭受到的贸易救济措施立案 542 起，是韩国 245 起的 2.21 倍，同期中国遭受的最终贸易救济措施 377 起，是韩国 144 起的 2.62 倍。从中国“入世”前后的对比来看，在其他国家遭受贸易救济普遍下降的情况下，中国面临的贸易救济摩擦数量却在不断上升，1995~2001 年，中国遭受贸易救济摩擦数量为 260 起，2002~2006 年上升为 282 起，同期第二位的韩国则从 154 起下降为 91 起。

表 2-1 1995~2006 年主要国家（地区）遭受贸易救济案件比较 单位：起

位次	国家（地区）	调查数	1995~2001 年	2002~2006 年	实施数	1995~2001 年	2002~2006 年
1	中国大陆	542	260	282	377	178	179
2	韩国	245	154	91	144	73	71
3	中国台湾	180	104	76	109	59	50
4	美国	179	107	72	105	57	48
5	印度	170	99	71	101	51	50
6	印度尼西亚	141	88	53	80	38	42
7	日本	135	80	55	97	60	37
8	泰国	129	78	51	79	43	36

续表

位次	国家（地区）	调查数	1995～2001 年	2002～2006 年	实施数	1995～2001 年	2002～2006 年
9	俄罗斯	101	66	35	84	56	28
10	巴西	99	70	29	77	53	24

资料来源：杨艳红．国际贸易摩擦的新格局［M］．北京：中国社会科学出版社，2009：70.

从贸易摩擦发起国或地区的比较来看，世界及针对中国的摩擦案件发起国非常集中，而且世界上发起贸易摩擦案件最多的国家也是对中国发起贸易摩擦调查最多的国家。从全球范围来看，发起贸易摩擦最多的国家和地区依次是印度、美国、欧盟、阿根廷、南非、澳大利亚、加拿大、巴西、中国、土耳其和韩国，1995～2007 年总计发起贸易摩擦案件 2783 起，占全球贸易摩擦案件总数的 78%。对中国发起贸易摩擦案件最多的国家和地区依次是美国、印度、欧盟、土耳其、阿根廷、南非、巴西、加拿大、澳大利亚、韩国和墨西哥，总计对中国发起贸易摩擦调查 632 起，占中国对外贸易摩擦调查的 81%。参见表 2－2。

表 2－2　1995～2007 年世界及中国贸易摩擦前 11 位发起国和地区比较　单位：起

位次	1	2	3	4	5	6	7	8	9	10	11
世界	印度	美国	欧盟	阿根廷	南非	澳大利亚	加拿大	巴西	中国	土耳其	韩国
数量	519	493	421	236	217	200	167	152	139	128	111
中国	美国	印度	欧盟	土耳其	阿根廷	南非	巴西	加拿大	澳大利亚	韩国	墨西哥
数量	119	110	96	77	58	34	30	30	27	26	25

资料来源：杨艳红．国际贸易摩擦的新格局［M］．北京：中国社会科学出版社，2009：70.

二、中国对外贸易摩擦的特点

（一）贸易摩擦的形式日趋多样化和复杂化

1. 贸易摩擦形式的热点发生转变

虽然反倾销依然是中国遭遇贸易摩擦的主要形式，但是其重要性与影响正在因客观因素的改变而下降。与此相对应的是，反补贴、保障措施和特别保障措施的使用频率不断加大。自2004年加拿大对中国烧烤架实施首次反补贴调查以来，中国遭受的反补贴调查数量呈现出明显增长趋势，自2006年中国连续5年成为世界上遭遇反补贴调查最多的国家，2007年8起，2008年11起，2009年受金融危机世界经济不景气影响，遭受反补贴调查13起。对中国发起反补贴调查的国家和地区也由1个增加到6个，2006年美国摒弃多年来坚持的不对“非市场经济国家”发起反补贴调查的惯例，对中国铜版纸发起反补贴调查，至今对中国共发起反补贴调查23起，占美国同期反补贴调查总数（37起）的62.2%。欧盟作为中国的主要贸易伙伴，也于2011年5月第一次对中国出口产品采取反补贴措施。

在反补贴使用频率越来越高的同时，反倾销与反补贴调查同时使用的“双反”调查日渐成为外国对中国挑起贸易摩擦的主要方式。例如，2009年美国共对华启动14起贸易救济调查，其中反倾销与反补贴同时使用的“双反”调查占到11起；欧盟2011年对中国铜版纸首次采取的反补贴措施便是与反倾销措施同时使用，这也标志着欧盟对中国贸易政策的正式转变，“双反”有可能成为中欧贸易摩擦的新焦点。

除了反倾销和反补贴之外，保障措施和特保措施也正在成为潜在威胁。根据《2011年全球贸易摩擦报告》显示，2002～2010年中国遭遇保障措施145起，特别保障措施84起，其中有57起案件涉及纺织品，同期美国对中国实施特保措施42起，其中有35起案件涉及纺织品服装；2005年欧盟接连启动了9起涉及中国的特别保障措施，其中8起针对纺织品。由此可见，纺织品是中国遭遇特保措施的主要对象，这不仅是因为中国纺织品具有明显的价格竞争优势，而且因为在《中华人民共和国加入世界贸易组织议定书》以及《工作组报告》中曾作出明确的规定，WTO成员只要满足一定条件就可以针对中国的纺织品实施特别保障调查。除了纺织品以外，中国出口的金属制品、冶金、机械、汽车、轻工、食品等也都遭遇过特保调查。同时，针对中国产品的特保调查主要在2006年之前，2006～2008年美国和欧盟这两个特保措施最大的发起主体均未启动对中国产品的特保措施。但是，2009年中美轮胎特保案的发展则再次引起了中国各界广泛关注。

2. 337 调查成为美国知识产权保护的主要手段

20 世纪 90 年代，美国曾经多次对中国实施特别 301 调查，并进行了相应的制裁。在加入 WTO 之后，中国在履行“入世”承诺的过程中，大量修改、废除与中国国际义务不相符合的规定，因此从政策层面上消除了美国对中国实施特别 301 调查的风险。“入世”之后到 2005 年，美国将中国从特别 301 报告的重点观察国名单中排除，中国仅仅是“301 条款”监督名单上的国家。从 2006 年开始，美国再一次将中国列为特别 301 报告的重点观察国，这种状况一直持续到 2010 年。于是，自 2006 年开始，中美之间因“特别 301 条款”引发的贸易摩擦经常发生。尽管如此，美国对中国实施知识产权保护的主要武器已经由特别 301 调查转变为 337 调查。在 2000 年之前，日本和中国台湾是遭遇美国 337 调查最多的国家和地区，但是，在 2000 年之后，中国成为美国 337 调查的最大受害国。尤其是自中国加入 WTO 后，美国对中国发起 337 调查的增长态势更加明显。2002 年美国对中国发起 337 调查 5 起，2003 年到 2010 年分别为 8 起、10 起、8 起、13 起、18 起、13 起、15 起和 26 起。美国持续对中国发起 337 调查导致中国出口美国的相关产品，尤其是电子产品的市场空间被不断地压缩。

3. 技术性贸易壁垒呈增长态势

与欧美等发达国家相比较，中国生产的产品质量标准相对较低，低质量标准的中国制造为欧美等国家实施技术性贸易壁垒提供了方便之门。美国和欧盟指定的技术标准种类相对较多，分别在 10 万个和 9 万个以上，日本制定的有关技术性贸易措施的法令也多达 6000 多条。[114] 欧美等发达国家和地区制定的技术贸易标准涉及制造运输、医疗卫生、农林水产、环境保护等多个领域，中国遭遇的技术性贸易壁垒日益频繁，由于不符合进口市场的技术性标准的规定，中国每年都有大量的出口产品被召回，有些产品甚至被直接挤出进口市场。近年来，中国遭遇的因技术性贸易壁垒引发的贸易摩擦呈现出明显的增长态势。尽管中国受全球技术性贸易措施影响的企业比例连续 3 年下降，但出口贸易直接损失额却连续 5 年增长。

（二）贸易摩擦的领域不断扩展

1. 贸易摩擦的对象由微观领域向宏观体制层面扩散

自加入 WTO 至今，中国遭遇贸易摩擦对象从产品、企业、产业等微观领域逐渐向政策、体制等宏观政策领域扩散。加入 WTO 的最初几年，中国纺织品等劳动密集型产品成本优势明显，迅速占领了国际市场，这些优势产品也成为国际贸易摩擦的重灾区。但是，这一时期针对纺织等劳动密集型产品的贸易摩擦仅仅是个案行为，贸易摩擦的频率以及涉案的金额对整个行业还没有产生直接的影响。随着中国对外贸易的快速发展，国外对中国挑起的贸易摩擦也逐渐从单个产品上升到整个产业，贸易摩擦不仅仅针对具体涉案企业，而是直接对整体的出口行业造成直接的冲击。以钢铁贸易为例，中国出口的无缝钢管、油井管、钢丝层板等产品屡屡遭到贸易救济调查，整个钢铁业已经成为中国对外贸易摩擦的焦点之一。这一方面验证了摩擦对象从单个产品向整体产业转移的发展趋势，另一方面也说明国外对中国贸易摩擦的焦点也已经从劳动密集行业向资本技术密集行业转移。与此同时，以人民币汇率制度、市场开放程度、知识产权保护等为主要领域的宏观制度层面贸易摩擦逐渐增多，例如，人民币汇率问题一直是中美贸易摩擦的主要关注点，围绕人民币汇率问题两国经常发生贸易摩擦。此外，由于财政状况恶化、经济增长衰退、公共债务增加等国内因素的影响，导致一些经济体对经济政策进行调整，有意识地限制进口、试图扩大出口，也进一步加剧了涉及中国的经济政策宏观领域的贸易摩擦不断增多。

2. 贸易摩擦的发起国由发达国家向发展中国家扩散

目前，美国、欧盟等发达国家和地区依然是对中国贸易摩擦的主要发起主体，而且从贸易摩擦的规模和对中国贸易的影响来看，和欧美发达国家和地区发生贸易摩擦其后果的严重程度要远高于与发展中国家和地区的贸易摩擦。但是，从“入世”以来中国遭遇贸易摩擦的数量增长态势来看，中国与一些发展中国家和地区贸易摩擦数量的增势非常明显。例如，自中国加入 WTO 后，印度在很多年份中超过了美国和欧盟，成为全球对中国反倾销立案调查最多的国家。截至 2009 年底，印度成为继美国和欧盟之后，全球对中国发起反倾销调查第三多的国家。除了印度以外，阿根廷、土耳其、墨西哥、巴西、南非等发展中国家和地区对中国发起贸易摩擦的数量也在不断增多，发起贸易摩擦的频率也在不断上升。例如，2006 年阿根廷对中国的反倾销调查仅为 1 起，占同期阿根廷反倾销调查的 9.1%；2007 年增长到 4 起，占比为 66.7%；2008 年增长一倍多，达到 9 起，占比为 47.4%；2009 年达到了 19 起，占比为 65.6%，在当年超过美国、欧盟和印度成为对中国发起反倾销调查的第一大国。

（三）贸易摩擦的涉案金额和影响程度上升

1. 涉案总体金额和个案金额不断上升

中国遭遇贸易摩擦在数量规模上不断增长的同时，贸易摩擦的强度和影响程度也在不断提升。2002 年，中国遭遇贸易摩擦的涉案金额仅为 8 亿美元，2007 年涉案金额增加到 46 亿美元，短短五年时间增长了近 6 倍，2009 年涉案金额突破 100 亿美元。在整体涉案金额迅速增长的过程中，金额巨大的单个案件也频频发生。例如，2009 年美国对中国启动“双反”调查 10 起，其中有 6 起的涉案金额就超过了 1 亿美元，美国对中国石油管材的启动的“双反”调查金额达 26.3 亿美元，这也是美国历史上涉案金额最高的贸易摩擦案件；欧盟对中国热浸镀锌板的反倾销调查案金额超过 10 亿美元，涉及中国企业 200 多家，成为欧盟迄今为止对中国发起的金额最高的反倾销案。

2. 贸易摩擦的影响程度加大

除了贸易摩擦数量和涉案金额不断增加外，各国对涉案中国出口产品的打击力度也越来越大，对中国出口的不利影响也越来越严重，不仅贸易摩擦对象从具体产品扩散到整个产业，在最终的制裁方式上也从部分驱逐进口产品向关闭整个国内市场的政策转变，以便将中国产品完全从进口国市场中踢出。例如，在中国加入 WTO 的最初几年，贸易摩擦的制裁方式多数采用进口数量限制，尽管减少了涉案产品的出口规模，但是在进口国市场上中国的涉案产品仍然具有一定的市场空间。最近几年，外国针对中国涉案产品的制裁措施日益趋于严厉，例如，在 2009 年美轮胎特保案中，美国直接对涉案产品关闭市场。

（四）贸易摩擦的政治化因素加强

从之前的理论分析可知，政治因素的干预通常是贸易摩擦产生的主要原因。

在金融危机爆发后，全球贸易保护主义盛行，各国加紧在国内外政策层面上的博弈，导致国家政治对对外贸易的干预变得越来越明显和直接。金融危机导致全球经济衰退之后，一些发达国家将挑起贸易摩擦作为转嫁国内危机与矛盾的途径，并试图通过贸易摩擦改变贸易伙伴国家的经济和贸易政策。例如，金融危机导致2009年美国、日本、加拿大以及整个欧元区经济下滑，失业率显著升高，接近两位数的高失业率导致美国和欧盟国家内部利益团体政治压力陡增，要求对中国采取贸易限制措施，以人民币汇率低估为借口对中国施压，转移其国内政治压力；除此之外，一些国家在特定时期发起贸易摩擦则完全是为了满足其国内政治支持者的利益诉求，以期望获得其政治支持者的赞同。例如，在2009年美国针对中国轮胎的特保调查中，美国总统奥巴马希望获得工会的政治支持是导致他最终决定对中国出口的轮胎采取制裁措施的主要原因。

第二节　中国对外贸易摩擦的原因分析

贸易摩擦是国际贸易发展过程中必然产生的正常现象，只是在世界经济发展的不同阶段其形式、范围和对象有所不同。从本质上来看，贸易摩擦就是各经济体对国际经济利益的争夺过程。随着全球化的深入推进，国家之间的联系更加紧密，利益关系也就更加复杂，导致贸易摩擦产生的原因也日益复杂化。因此，中国遭遇的贸易摩擦，既受世界政治经济因素变化的影响，也与中国自身对外经贸关系中的一些不对称因素密切相关。

一、外部原因

（一）世界经济不平衡刺激贸易摩擦增多

第二次世界大战以后至20世纪70年代，世界经济初步形成了美国、日本、西欧三足鼎立的局面。同时，发展中国家内部的经济差距也逐渐扩大，形成了多样化的国家类别。世界经济格局的不断演变使世界经济处于不平衡发展的状态，增加了贸易摩擦发生的可能性。

1. 经济不平衡成为贸易摩擦的理由和借口

全球经济发展不平衡的最大根源在于不同经济体之间经济增长速度的差异，而且这种差异有不断扩大的趋势。1970～2009年，整体上来看，新兴经济体和发展中经济体的经济增长速度明显快于发达经济体，20世纪70年代开始，前者年均经济增长速度高于后者2.05个百分点，进入20世纪80年代，新兴经济体和发展中经济体的经济相对陷入低迷，比发达经济体的经济速度略高，进入21世纪以后新兴经济体的经济发展速度明显加快，从2000年开始新兴经济体与发达经济体的经济发展速度差距扩大到年均4.2个百分点。尤其是中国经济在过去的10年间9%以上的增长速度堪称一直独秀，印度经济在过去的10年时间里也保持了7%以上的高速增长，俄罗斯经济增长速度接近5%，巴西也达到3.57%超过了世界经济的平均增长水平。与此相对应，同一时期日本经济增速不足1%，处于长期的低迷状态，欧元区和美国经济相对要好一些，但是也同样低于世界平均经济增长速度。[115]参见图2－2。

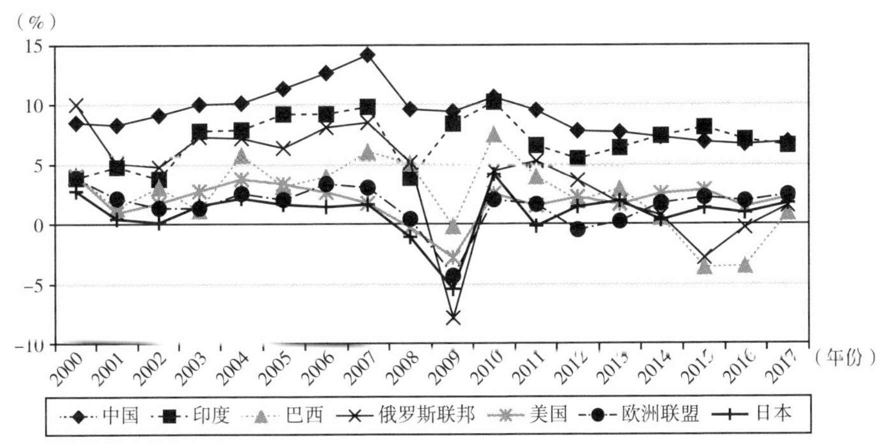

图2－2　世界主要经济体经济走势及预测比较

资料来源：世界银行公开数据。

全球经济发展的不平衡性一直被认为是贸易摩擦发生并且次数不断增多的重要原因。例如，美国就极力主张和宣称其巨额的贸易逆差是全球经济不平衡的结果，指责中国过分强调出口对经济的拉动作用，采取以邻为壑的汇率政策，人为地增加出口商品的经济力，学者、官员和一些利益集团要求其政府采取贸易保护主义措施，进而引发中美之间贸易摩擦不断升级。

2. 贸易增长不平衡导致贸易摩擦不断增多

近十多年来，国际贸易增速一直高于世界经济增速，但是不同类型国家之间贸易增长速度也出现了严重的分化。进入21世纪之后，发展中经济体的贸易发展迅猛，2000年发展中经济体贸易额增速为27.3%，贸易量增速为14.5%。而同期发达经济体这两项指标仅为7.3%和12.6%，均远远低于发展中经济体。在美国金融危机之后，2009年发达经济体贸易额下降22.7%，贸易量增速下降15.2%，同期发展中经济体的两项指标分别为22.7%和8.9%。[115]从剔除价格因素以后的贸易额对比来看，发展中经济体贸易增长速度要高于发达经济体，而当发生经济危机时，发达经济体的对外贸易所受到的不利影响又远高于发展中经济体。因此，中国作为最大的发展中经济体，很容易成为发达经济体通过贸易摩擦方式转嫁其自身经济危机的对象，贸易摩擦由此增多。

3. 世界经济贸易频繁波动刺激了贸易摩擦增多

从长期来看，世界经济和贸易的波动比较频繁。世界经济在1970～2009年平均增长速度达到3.53%，但是年度增长速度却呈现较大的差别，受经济危机影响呈现出明显的周期性波动。和世界经济增长相似，同期的世界贸易平均增长速度基本在6%左右，WTO成立后到2009年世界贸易增速的均值为6.43%，但是受到世界经济周期性波动的影响，世界贸易的波动幅度比较大，2000年增速达到12.33%，2009年受金融危机影响则出现了负增长。WTO成员方从自身的经济利益出发，当经济和贸易出现较大波动时，为了规避风险、转嫁危机，挑起贸易摩擦也就在所难免。而贸易摩擦反过来又会导致贸易流向的变化，加剧全球经济和贸易的失衡程度。按照IMF的估算，贸易失衡是经常账户失衡的重要原因，而经常账户失衡又是衡量全球经济失衡程度的重要指标，两者之间相互影响，尤其是在全球经济不景气的情况下，会使得问题变得更加复杂，贸易摩擦发生也就更加频繁。从目前世界经济发展的形势来看，不平衡将是全球经济在未来相当长时间内的常态，只要不平衡存在，贸易摩擦就会频繁发生，而且体制层面、政策层面等宏观层面的摩擦会日益增多。

（二）国际产业结构调整与国际分工的变化

1. 产业结构调整与发达国家的贸易保护

伴随着世界经济与贸易格局的调整，全球产业结构也加快了调整的步伐。20 世纪 90 年代以来，以电子信息为代表的高新技术产业和以农业为主导的战略性产业的发展，使得国际产业结构调整和产业分工转移不断加速。在这一过程中，发达国家在一些劳动密集型产业上的竞争优势逐渐消失，但是，由于这些夕阳产业国内调整和改造过程缓慢，对保护性的贸易政策具有“路径依赖”，在受到来自发展中国家进口商品的冲击时，会引起国内民众的就业问题，而就业问题不单纯是经济问题，在选举之年更成为政治问题。因此，发达国家通常会以保护国内制造业就业为理由，实施贸易保护政策，进而很容易引发贸易摩擦。目前，中国与美国、欧盟等发达经济体之间在劳动密集型行业和资本密集型行业内的贸易摩擦，其根本原因就在于此。以钢铁贸易为例，20 世纪 60 年代美国钢铁产量下滑，而欧盟和日本的钢铁产量和在世界贸易中的份额大幅上升，导致美日、美欧之间钢铁贸易摩擦频繁发生；20 世纪 80 年代开始，中国钢铁的产量和在世界贸易中的份额上升，中美钢铁贸易摩擦也开始逐渐增多，随着中国的钢铁产能急剧攀升，中国也成为发生钢铁贸易摩擦最多的国家。[116]

2. 产业结构调整与贸易结构趋同

从理论上来讲，一旦国际产业实现了静态和动态的结构性互补，则能实现贸易双方的共赢；反之，国际产业结构出现静态的同构和动态的不相匹配，就会发生贸易摩擦。就目前全球发达国家和发展中国家的垂直分工而言，以美国为首的发达国家在新兴产业上具有较大的比较优势，但是随着以中国为首的发展中国家产业结构进一步升级，其出口产品的技术含量越来越高，两类国家之间产业结构的趋同不断深化，同类产品之间的冲突和竞争也就越来越频繁和激烈，贸易摩擦由初级产品向工业制成品和高新技术产品转移，形成一种从低级产品到高级产品逐步升级的贸易摩擦格局。以中国和美国之间的产业结构对比来看，2007 年中国高新技术产品和机械产品出口占对美国出口商品总额的 2/3 以上，从表 2－3 可以看出全球产业结构调整过程中中美之间产业结构趋同的现象。

表 2－3　　2007 年美国向中国出口及从中国进口前 20 位商品比较　　单位：亿美元

美国向中国出口前 20 位商品		美国从中国进口前 20 位商品	
产品类别	金额	产品类别	金额
85 电机、电气、音像设备及其零附件	106.6	85 电机、电气、音像设备及其零附件	767.3
84 核反应堆、锅炉、机械器具及零件	88.6	84 核反应堆、锅炉、机械器具及零件	640.4
88 航空器、航天器及其零件	72	95 玩具、游戏或运动用品及其零件	261.3
12 油籽、子仁、工业药用植物	41.8	94 家具、灯具、寝具	203.6
39 塑胶及其制品	36	64 鞋靴、护腿和类似品及其零件	141.4
90 光学、电子、医疗设备及其零件	33.1	62 非针织服装及衣着附件	134.1
72 钢铁	22.3	61 针织服装及衣着附件	105.6
74 铜及其制品	21.6	73 钢铁制品	97.7
29 有机化学品	21	39 塑胶及其制品	82.6
47 木浆、纸浆	20.5	42 皮革制品、旅行箱包等	72.3
87 车辆及其零附件	19.7	87 车辆及其零附件	60.9
76 铝及其制品	18.1	90 光学、电子、医疗设备及其零件	55.5
52 棉花	14.8	63 其他纺织品、成套物品等	51.4
41 生皮及皮革	9.7	44 木及木制品、木炭	31.1
26 矿砂、矿渣及矿灰	9.2	40 橡胶及其制品	30.9
38 杂项化学产品	9.1	29 有机化学品	28.3
02 肉及食用杂碎	7.3	71 珠宝、贵金属及制品	27.9
28 无机化学品、贵金属等化合物	7.2	99 特殊交易品	27.8
44 木及木制品、木炭	5.8	82 贱金属工具、器具、餐具及其零件	23.9
40 橡胶及其制品	5.7	48 纸和纸板及其制品	21.5

资料来源：苗迎春．中美经贸摩擦研究［M］．武汉：武汉大学出版社，2009：147－148．

从表 2－3 中的对比可以看出，2007 年中美贸易前 20 项商品中有 7 项为同类商品，尤其是前 2 项贸易额最大的商品则完全相同，主要的商品类别还包括车辆及其零附件、有机化学品、橡胶制品等。虽然表 2－3 中仍然反映出中美之间贸易的互补性，但是中美产业结构趋同化已经明显显现，中国在机械设备、冶金、化工等方面已经具备了一定的和美国竞争的能力。由于产业结构调整和升级所带来的这种产业结构趋同，造成了激烈的市场竞争，成为中国和美国等发达国家贸易摩擦产生的直接原因。

（三）国家间的政治经济竞争加剧

当前，世界政治经济格局正发生着新的变化，由此导致利益关系复杂化和利益主体多元化，中国作为新兴大国，在全球的政治经济地位提升对现有世界格局产生了颠覆性的影响，中国和其他国家间的竞争日益加剧也成为贸易摩擦产生的重要原因。

1. 发达国家对中国的担心与遏制

随着中国出口贸易的迅速发展和经济实力的提升，对世界经济和全球贸易体系的影响力也日益增强，加上中国本身作为联合国安理会常任理事国的政治地位，中国的和平崛起已经成为世界经济、政治格局发生重大变革的重要一环。中国综合实力的迅速崛起，引起了美国、欧盟、日本等发达国家和地区的高度警惕与担忧，多方都在试图趋利避害，从中国的和平崛起中得到利益，并维护自己的国际地位和现有利益。于是，来自各方的疑虑引起了“中国威胁论”的论调。“中国威胁论”在世界范围内不绝于耳，特别是一些别有用心的西方发达国家，针对中国外向型的经济发展模式，蓄意挑起贸易摩擦以遏制中国经济发展。可以说“中国威胁论”已经成为中国和发达国家之间贸易摩擦的直接诱因。以中美贸易摩擦为例，芝加哥大学教授海默指出：“如果未来二十年中国经济增长还像过去二十年那么快……如果中国崛起了，美国的麻烦就来了。”[117]因此，必须在对华贸易上对中国进行控制，而控制的最好办法就是不断挑起对华贸易摩擦，增加中国开展对外贸易的成本，增加中国产品进入美国市场的难度。目前，在中美之间纺织品服装贸易、知识产权保护、中美贸易逆差等一系列问题，都受到“中国威胁论”的直接影响。

2. 发展中国家与中国的竞争性增强

中国加入 WTO 后，凭借自身的比较优势，中国制造在国际市场上的份额迅速增加，价格低廉的产品不仅涌入发达国家，也对其他发展中国家市场造成了严重的冲击。由于发展中国家经济处于起飞阶段，经济结构和产业结构相对不健全，为了实现本国的经济发展，保护本国产业免于来自中国产品的竞争，其他发展中国家便利用 WTO 所允许的反倾销等手段来保护自己国内的产业。以纺织品为例，中国加入 WTO 后纺织品出口迅速增长，在主要的发展中国家，来自中国的纺织品在全部该产品进口中所占比例也很大。参见图2－3。因此，其他发展中国家为了保护自己的纺织品产业，纷纷对中国纺织品启用反倾销和特殊保障措施等贸易救济调查。除了纺织品以外，中国出口的其他劳动密集型产品在印度、巴西等发展中国家市场也具有很强的竞争力，为了避免中国产品对其国内同类产业造成了很大的冲击，其他发展中国家纷纷对中国实行贸易保护主义。

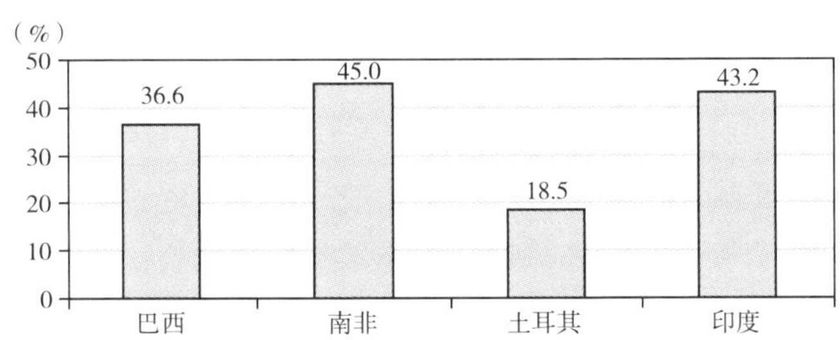

图2－3　2008年中国纺织品及原料占主要发展中国家该产品进口比例

资料来源：高维新，蔡春林．中国与发展中国家贸易摩擦的深层次原因探析［J］．国际经贸探索，2009（9）：4－9.

除了在发展中国家国内市场上的竞争外，在国际市场上竞争加剧也使得针对中国的贸易摩擦增多。例如，芬斯特拉和凯（Feenstra and Kee，2007）对美国市场上中国和墨西哥商品的研究发现，自2001年开始，美国市场上中国商品的类别已经超过了墨西哥，尽管在电子产业部门墨西哥具有先入优势，情况也仍然如此。而且，在美国市场上中国商品种类每增加1%，墨西哥商品种类将减少0.5%。[118]

当前，其他发展中国家与中国出口商品结构趋同，在发达国家市场上又存在激烈竞争，与发展中国家的贸易摩擦已经不单是经济问题，而是成为复杂的战略问题。

（四）发展模式的冲突成为引发贸易摩擦的潜在因素

中国的国有经济力量比较强大，国家对国有企业、战略性资源的调控到位，对宏观经济运行的调控也比较深入。这种计划经济与市场经济相结合的模式被证明是符合中国国情并行之有效的，尤其是在金融危机发生后，中国的发展模式更是受到了广泛的认同。但是，在具体的对外经济贸易过程中，一些国家在处理对外并购、国际贸易等问题时，对中国企业存在偏见，认为中国企业背后得到政府强有力的补贴和支持，在国际经贸关系中处于不平等的竞争地位，这些歧视性的观念成为对华贸易摩擦的重要原因。而且在反倾销问题上，美国和欧盟等发达经济体将中国作为非市场经济国家，同样采取歧视性的待遇。除了国有经济背景、非市场经济地位等因素外，中国发展模式与西方发展模式之间的冲突日益显现，郑永年在《中国的崛起和中国模式》一文中指出，随着世界对中国发展模式认同度的提高，很多发展中国家似乎正在放弃美国的自由经济模式转向重视国有经济的中国发展模式，如果中国发展模式最终被实践证明是可持续的，那么就会在不久的将来在更广泛的范围内对美国模式构成巨大的威胁，而且这种威胁并不仅仅是来自中国综合实力的提升，而是来自中国的成功发展经验。[119]卡瓦利吉特·辛格（Kavalijit Singh）在《从北京共识到华盛顿共识：中国的自由化与全球化之旅》中通过对中国发展模式的研究和与“华盛顿共识”的比较，提出了“北京共识”的概念。乔舒亚·库珀·雷默（Joshua Cooper Ramo）基于对中国经济模式及其经济成就的分析进一步指出，“北京共识”是实现和平崛起的工具，是更适合中国、印度等新兴经济体的经济发展模式，并将逐步成为其他发展中国家学习的榜样。[120]

如果其他发展中国家也效仿中国推行这种发展模式，将会对发达国家主导的现存体制、对外援助、对外投资和贸易等体制造成冲击和影响，原有的经济秩序和规则将会被改变。例如，中国对非洲等发展中国家进行投资时，并不会强加政治目标；而西方很多发达国家在对非洲等国家援助或投资时，通常都要附带苛刻的政治条件，或者是要求其服从某一利益集团的特殊要求。中国对外奉行的互利共赢的发展战略，将会对西方发达经济体构成潜在的威胁，这也就成为中国和这些经济体之间贸易摩擦的潜在主导因素。

总之，尽管在 GATT、WTO 的推动下，消除贸易壁垒成为国际贸易自由化的目标和趋势，但是国家利益始终是国家间经济往来所追求核心利益，经济往来必然伴随着经济贸易利益的争夺、国家经济主权和安全的维护及国际市场竞争。如果在经济往来中出现利益失衡，贸易摩擦就会不可避免地发生。而在世界政治经济格局变革的过程中，中国利用全球产业结构调整和自身对外开放的契机，通过外向型的经济发展模式在努力实现和平崛起，并为其他发展中国家提供了有效的发展经验，在中国综合实力迅速提升的过程中，中国的一举一动都会受到国外政府、媒体、学者的监督与评估，任何与贸易有关的政策变动都可能引起全球竞争对手的反应，因此，涉及中国的贸易摩擦持续增多是世界格局变革中的必然过程，这也是每一个崛起的新兴大国都必须要经历的过程。

二、内部原因

（一）中国出口高速增长与中外贸易不平衡

1. 出口高速增长

在发达国家经济和贸易低迷的状况下，中国出口却保持强劲的增长势头，引发贸易摩擦的可能性自然也随之增大。以美国的对外贸易政策实践为例，美国的歧视性贸易保护政策主要针对出口增长较快的贸易伙伴国，这一点在美国对中国和日本贸易摩擦态度的转变中表现得尤为明显。第二次世界大战之后，日本的对外贸易经历了快速增长的一段时期，1954～1981 年出口增长率平均每年高达 14.2%，并一直保持着高额的贸易顺差。在这一时期日本也成为美国实施贸易保护的主要对象，美国和日本之间的贸易摩擦不断升温并激化，日本也因此成为美国反倾销的头号目标国。在 20 世纪 80 年代之后，随着中国改革开放的加速，中国出口持续增长并且一直保持贸易顺差，尤其在加入 WTO 之后，中国出口贸易进入高速增长阶段。1980～2006 年，中国出口年均增长率达到 12.7%，相反日本经济在这一时期则陷入相对低迷的状态，出口的高速增长也使中国成为美国贸易保护的主要目标国，并从 20 世纪 90 年代开始取代日本成为美国反倾销的头号目标国。参见表 2－4。

表 2－4　　中国和其他亚洲国家出口增长率比较

国家	时期	持续期间（年）	平均增长率（%）
日本	1954～1981 年	27	14.2
韩国	1960～1995 年	35	21.5
马来西亚	1968～1996 年	28	10.2
中国	1980～2006 年	26	12.7

资料来源：杨艳红．国际贸易摩擦的新格局［M］．北京：中国社会科学出版社，2009：84.

表 2－5 比较了 1980～1989 年和 1990～2005 年两个时间段内美国反倾销前五位的目标国。20 世纪 80 年代，日本遭受美国反倾销调查 65 起，最终实施的反倾销 41 起，分别占同期美国反倾销总数的 13.4% 和 21.9%，日本成为遭受美国反倾销的头号国家。而在 20 世纪 90 年代之后，中国则取代了日本成为美国反倾销的头号目标国，1990～2005 年中国遭受美国反倾销调查和反倾销措施分别为 103 起和 71 起，占美国反倾销总数的 15.3% 和 22.2%。从对中国反倾销占美国反倾销总数的比例来看，美国对中国反倾销力度已经远远超出了 20 世纪 80 年代时对日本的反倾销力度和水平。而且，中国商品目前在美国进口市场上的份额却远远低于当时日本的水平，当年日本占美国进口的份额从 20 世纪 60 年代起稳步提升，在 1986 年达到高峰水平 22%。相对而言，中国对美出口占美国进口市场的份额在 2003 年仅为 11%，也就是说，美国对中国的反倾销是在美国对中国的进口份额较低的水平上进行的，这充分表明中国遭受美国歧视性的反倾销政策更为严重。

表 2－5　　1980～2005 年美国反倾销前五位目标国家（地区）比较

时期	位次	国家（地区）	调查数量（起）	实施数量（起）	实施比例（%）	占美国进口比例（%）	年份
1990～2005 年	1	中国大陆	103	71	69	7.0	1997
	2	日本	56	34	61	13.9	1997
	3	韩国	41	20	49	2.6	1997
	4	中国台湾	32	15	47	3.8	1997
	5	印度	29	13	45	0.8	1997

续表

时期	位次	国家（地区）	调查数量（起）	实施数量（起）	实施比例（%）	占美国进口比例（%）	年份
1980～1989年	1	日本	65	41	63	20.1	1985
	2	德国	34	11	32	5.7	1985
	3	意大利	30	10	33	2.9	1985
	4	中国台湾	29	12	41	4.6	1985
	5	法国	28	10	36	2.6	1985

资料来源：杨艳红．国际贸易摩擦的新格局［M］．北京：中国社会科学出版社，2009：84.

2. 中外贸易不平衡

贸易不平衡是导致中国对外贸易摩擦不断增多的主要原因之一。例如，美国政府和商界人士普遍认为美国巨额贸易逆差和高失业率的根源就是中美之间贸易逆差，中美之间贸易不平衡是美国经济问题的罪魁祸首，因此，美国国内企业不断对中国商品提起反倾销或特保调查的申请，美国国会则通过法案限制中国商品的进口，美国总统也经常就人民币汇率问题、知识产权保护问题对中国挑起贸易争端。随着中欧之间贸易顺差的增加，欧盟对中国的反倾销调查也不断增加，中欧贸易顺差由1996年的0.4亿美元增长到1998年的74亿美元时，欧盟对中国反倾销调查数量迅速上升，2002年后中欧贸易顺差迅速上升，由2002年的96亿美元增加到2004年的316亿美元，同期欧盟对中国反倾销调查也由4起增加到9起。

中国在对外贸易中积累了巨额的贸易顺差是事实，但是，这么大的贸易顺差却没有给中国带来相应的利益，因为中国对外贸易方式结构的主要特点是以加工贸易为主体，我国的贸易顺差也主要是由加工贸易产生的。通过图2-4中的比较可以看出，中国的贸易顺差主要是由加工贸易产生的。但是，加工贸易所形成的贸易顺差并不能真正反映利益分配情况，中国的加工贸易大都是从其他国家或地区进口料件，在国内组装或进行简单的加工再出口，中国仅仅赚取低廉的加工费用。例如，芭比娃娃玩具，原材料来自中东，在中国台湾地区加工为半成品，假发来自日本，最终在中国进行组装，在美国零售价为9.99美元，中国企业获得加工费0.35美元，而拥有该品牌的美国企业获得近 8 美元。尽管中国取得利润仅仅来源于低廉的加工费用，但是加工贸易大量出口却加大了中国的贸易顺差，加剧了中国遭受贸易摩擦的风险。

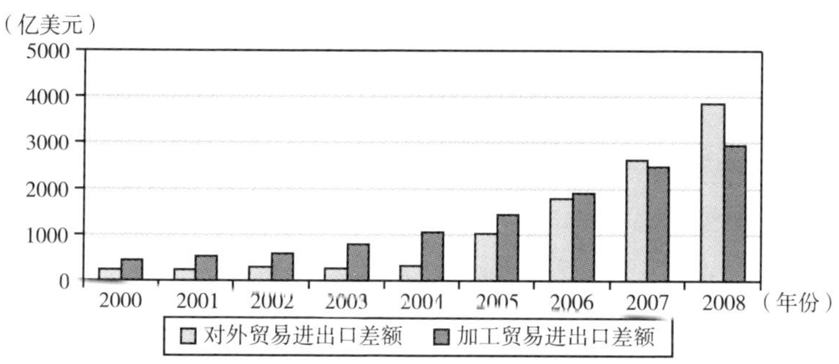

图 2-4　2000~2008 年中国对外贸易与加工贸易进出口差额比较

资料来源：张曙霄．中国对外贸易结构新论［M］．北京：经济科学出版社，2009：46-47.

（二）中国对外贸易结构不合理

1. 出口商品结构不合理

中国的出口商品结构在改革开放之后经历了不断调整的过程，并得到了明显的升级优化，其表现为工业制成品在出口商品中的比例在不断提高，中国出口的商品不仅与发展中国家产生直接的竞争，与发达国家之间的竞争也越来越多。因此，如前文所述，国外对华贸易摩擦的焦点开始从劳动密集行业向资本技术密集行业转移。然而，无论中国出口的纺织品、服装、玩具等传统的劳动密集型产品，还是机电、计算机等资本技术密集型产品，它们在中国的加工都集中在劳动密集环节，仅有的部分高科技、深加工产品也存在加工过程短暂、增加值不高等问题，真正体现技术水平的高新科技设备和中间投入品出口很少。如果将劳动密集型环节的高科技产品计算在内，中国劳动密集型产品出口在总出口中所占比重超过 80%。[121] 中国出口商品结构不合理的根源在于加工贸易是中国贸易的主要方式，最初的加工贸易出口以服装、鞋帽、玩具等劳动密集型产品为主，随着外商直接投资在加工贸易领域中比例不断扩大，机器设备、电子产品和高新技术产品等资本密集型或技术密集型产品在加工贸易中的比重日益增多。加工贸易低技术加工环节最为直接的影响就是中国可以充分利用廉价的劳动力以便使出口产品形成较强的价格竞争力，中国出口产品附加值不高、产品差异化水平不大、价格竞争力强特点，很容易引起进口国（地区）的关注与警惕，因此加剧了中国产品遭遇贸易摩擦的可能性。

2. 出口地域结构过于集中

长期以来，中国一直在推行贸易“市场多元化”战略，但是对外贸易地理方向集中的现象一直没有改变。从出口市场的地域结构来看，中国产品主要出口到亚洲、北美和欧盟三大地区。参见表2－6。

表2－6　　2000～2007年中国出口市场结构　　单位：%

年份	亚洲	欧洲	北美洲	拉丁美洲	非洲	大洋洲
2000	53.09	18.25	22.18	2.88	2.02	1.57
2001	52.95	18.15	21.66	3.09	2.26	1.53
2002	52.32	18.19	22.81	2.91	2.14	1.62
2003	50.79	20.12	22.39	2.71	2.32	1.66
2004	49.80	20.63	22.45	3.07	2.33	1.71
2005	48.09	21.74	22.92	3.11	2.45	1.69
2006	47.03	22.23	22.61	3.72	2.75	1.65
2007	46.63	23.62	20.70	4.23	3.06	1.73

资料来源：张曙霄．中国对外贸易结构新论［M］．北京：经济科学出版社，2009：107．

如果进一步细分，欧盟、美国、日本、东盟和中国香港等主要的贸易伙伴则是中国内地产品出口的集中地。中国内地对美国、欧盟、日本、东盟和中国香港五个国家和地区的出口占中国内地总出口的80%左右。参见表2－7。

表2－7　　2000～2007年主要贸易伙伴占中国内地出口市场份额比较　　单位：%

年份	欧盟	美国	中国香港	日本	东盟
2000	15.33	20.91	17.86	16.71	6.96
2001	15.37	20.39	17.49	16.89	6.91
2002	14.81	21.48	17.96	14.88	7.24
2003	16.44	21.10	17.41	13.56	7.06
2004	18.06	21.06	17.00	12.39	7.23

续表

年份	欧盟	美国	中国香港	日本	东盟
2005	18.86	21.38	16.34	11.02	7.27
2006	18.78	21.00	16.03	9.46	7.36
2007	20.13	19.11	15.14	8.38	8.90

资料来源：张曙霄．中国对外贸易结构新论［M］．北京：经济科学出版社，2009：107.

上述高度集中的出口地域结构导致中国对美国、欧盟等国家和地区的贸易依存度较高，而它们对中国的贸易依存度则较低，这种不对称使中国对主要贸易伙伴缺少相应的制约能力。

以中美两国为例，中国对美国出口占全部出口比例一直在20%左右，中国对美国贸易依存度很高。一方面，美国是中国服装、鞋帽等部分产业的主要出口市场，如果美国对中国出口的这类产品进口减少，则会导致中国对美国整体出口的锐减。例如，2007年第一季度美国对中国纺织品进口从25.01亿美元下降到20.32亿美元，导致中国对美国总体出口增长率由35.8%下降到20.4%。另一方面，中美双边贸易不对称，中国对美国出口占全部出口比例20%左右，但是美国对中国出口仅占其总出口的3%左右，这就意味着美国在中美经贸关系中处于有利的地位，据测算美国国内生产总值下降1%，将导致其进口额下降2%～3%，而中国对美国出口可能下架5%～10%。[122]因此，从长期看，只要中美之间这种非对称性的经贸关系得不到有效解决，美国不断挑起贸易摩擦的危险就不会消除。

第三节　中国应对贸易摩擦的能力分析

一、企业应对贸易摩擦的能力弱

在应对贸易摩擦时，国内企业普遍法律意识淡薄，对国际竞争规则不熟悉，造成中国在贸易争端中处于不利局面。在中国出口的产品中，有许多产品确实具有竞争力，完全有机会通过法律途径和积极应诉赢得国外贸易救济诉讼的胜利。然而，在应对国外反倾销、保障措施等贸易救济调查时，许多中国的企业因缺乏自我保护意识，对其危害的认识不足，并以外国法律的公正性等为由不愿积极应诉。另外，中国的出口企业欠缺有效的信息捕捉、分析和传递系统，对国际市场上的竞争对手不了解，对国外市场的动态反应不及时，当国外对中国的某种出口产品的已经表现出明显的高度关注，并且有可能实施调查并决定立案时，国内的企业却没有采取任何的措施，仍然按原有的战略继续将大量的产品销往出口市场，这就使得自身在贸易摩擦发生之初就陷于被动地位。而且，国内企业在遭遇贸易摩擦时，往往连完整的、符合国际要求的相关记录和文件也无法提供，这就导致在应对贸易摩擦是处于更加被动的地位，加大了在摩擦中遭受损失的可能性。中国企业的在应对贸易摩擦的不力不仅极大地损害了中国产品的国际形象，恶化了中国企业对外经济贸易的合作环境，而且造成了中国企业软弱可欺、对中国发起贸易摩擦易于成功的错觉，导致国外变本加厉地对中国提起贸易救济的调查。

二、中国缺乏有效的应对贸易摩擦的整体机制

中国缺乏“政府—企业—行业协会”三位一体的应对贸易摩擦的机制，在应对国外对中国贸易救济相关案件时，既缺少商务部、各级外贸主管部门以及中国驻外使领馆等政府部门的有效保护与协作，又缺少一个能够通过预先保护、为行业谋求最大化利益的行业协会，使得贸易摩擦发生时，我国企业处于较弱的保护状态。相比之下，美国等发达国家一旦与中国发生贸易摩擦，其行业协会就立即向相关的政府部门进行游说和施压，要求尽快通过对中国产品设限或实施惩罚，尽最大能力保障其本行业不受损害或尽可能减少利益的损失。因此，难以快速高效地将政府部门、行业协会和企业等组成一个有机的整体，大大限制了中国处理对外贸易摩擦的整体能力。

三、对外贸易救济措施应用不力

加入 WTO 之后，中国对外贸易救济调查有所增加，但是与国外对中国的贸易救济调查相比较仍然存在明显差距。1997 年中国首次启动了对外反倾销调查，按照 WTO 的统计，到 2008 年底中国共发起反倾销调查 151 起，其中“入世”前 30 起，“入世”后 121 起，增加 3 倍多。此外，中国还对钢铁产品实施了一起保障措施。从中国反倾销调查的目标国（地区）分布看，主要集中在日本、韩国、美国、欧盟等国家和地区，以及中国台湾地区，对这五个国家和地区反倾销调查占中国反倾销总量的 75% 左右。而这五个国家（地区）又是中国主要的进口国（地区），中国对其反倾销的数量与其在中国进口市场中的份额大致相当。而且中国对这些国家（地区）产品实施的平均反倾销税率差别不大，对日本、美国和欧盟的平均反倾销税率在 51% 左右，对韩国和中国台湾地区反倾销税率在 30% 左右。这表明中国没有充分地利用贸易救济措施的歧视性或针对性来抑制少数国家对中国的反倾销行为。

第四节　中国遭遇贸易摩擦的必然性与合理性分析①

一、中国遭遇贸易摩擦的必然性

（一）中国遭遇国际贸易摩擦必然性的理论依据

1. 比较优势理论

比较优势理论的主要观点是一国应集中生产并出口其具有比较优势的产品，进口其具有比较劣势的产品。根据该理论，中国参与国际贸易将以劳动

① 本节内容曾发表于《经济学家》2011 年第 10 期。

密集型产业为重点，以出口导向型战略为指导，进行充分的自由贸易，贸易双方都可以从中获益。但是当中国大量的劳动密集型产品涌入他国，使他国相关产业受到一定程度的冲击时，引发了其他国家的国内失业、产业结构不平衡等社会经济问题，为转嫁社会矛盾，他国必然会针对中国劳动密集型产品和其他产业的贸易层面制造争端。总之，以比较优势理论为指导的自由贸易的发展必然会伴随着贸易摩擦的产生。

2. 国家发展生命周期理论

国家发展生命周期理论是由胡鞍钢教授提出来的，他认为国家如同产品一样也有生命周期。即一个国家发展的历史轨迹可以用一个生命周期来描述、认识和理解。他认为中国的国家发展生命周期会经历五个阶段：1500～1820年的农业社会的国家发展生命周期中的第三个阶段高峰期和停滞期；1821～1949年的农业社会的国家发展生命周期中的第四个阶段衰退期；1950～1980年的现代国家发展生命周期的第一个阶段经济准备成长期；1981～2020年的现代国家发展生命周期的第二个阶段经济起飞期和迅速崛起期；2021年之后中国将进入国家发展生命周期的第三个阶段经济强盛期。[123]该理论认为，如果世界不是由一个国家组成或不是由一个国家主导或统治，而是由多个国家组成，特别是在多个大国组成的竞争格局条件下，可能会像A产品和B产品的市场竞争一样，形成A国和B国的国家竞争，即两个国家的发展与竞争的“四阶段说”。根据此理论，中国借助各类资源（知识、技术、资本和人才）已经进入加速成长期，不仅获得了新的创新力，而且对他国会形成竞争甚至挑战。因此，必然会产生各种各样的冲突，其中贸易摩擦的发生不可避免。

3. 国际贸易摩擦倒U型曲线

周立教授认为从世界历史来看，任何一个大国的崛起必然对现存的国际关系产生巨大的冲击，国际贸易摩擦呈现出一条倒U型曲线。崛起之前，国际交往较少，利益冲突不多；崛起时期，由于要打破以往的国家政治经济格局，国际摩擦大幅度上升；待崛起成为既成事实，被世界广泛认可后，摩擦就会减少。[124]参见图2－5。当前，中国正处于崛起时期，各种版本的“中国威胁论”接连不断。随着“中国威胁论”的提出，接踵而来的就是“围堵中国论”。显然，既然中国必然要成为一种威胁，那么就必须加以“围堵”，并且早“围堵”要比晚“围堵”要好。综上所述，贸易摩擦并不是中国发展过程中独有的现象，而是每个国家由落后到先进、由发展中向发达国家实现进程中都会经历的困难阶段。

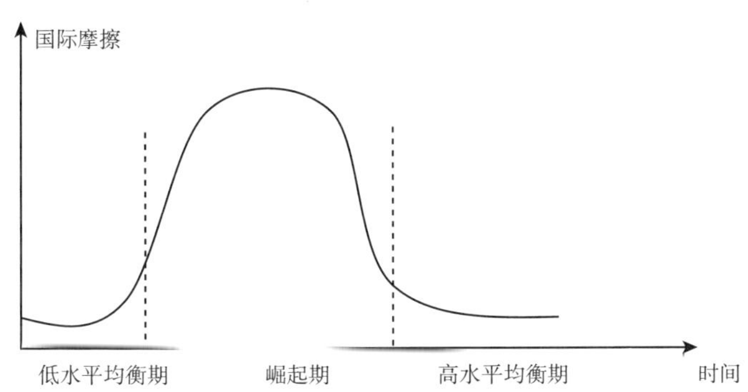

图 2－5　大国崛起时期国际摩擦的倒 U 型曲线

（二）国家间经济发展的不平衡性、国家利益的冲突必然导致中国遭遇贸易摩擦

经济全球化带来经济的日益融合，在不断提高各国经济相互依赖度和彼此开放度的同时，也改变了原有的国际分工和交换格局。国家参与国际贸易的目标是自身利益的最大化。当经济发展不平衡时，国家间的实力会此消彼长，贸易自由和贸易保护就会交替使用。在实践中，贸易利益的分配取决于贸易国的交易实力，而交易实力是由贸易条件、交易能力、产品竞争力及谈判能力等诸多要素构成的。贸易条件有力、产品结构优化，交易能力、产品竞争力与谈判能力较强的国家会获得较多的贸易利益，反之，获益较少。[125]伴随着 WTO 的出现和世界经济一体化进程的发展，国家间经济发展不平衡的状况并没有发生根本改变，相反还继续呈恶化迹象。因此，为了国家利益的最大化，各国在国际贸易中都倡导自由贸易的理想状态，但现实却是经济发达国家为维持其经济和政治地位重新回归保护贸易政策上来，而新型工业化国家和经济落后国家又往往视贸易保护为其必然选择。所以，发达国家之间为巩固和争夺世界经济资源和经济主导权而发生贸易摩擦；发达国家和发展中国家之间由于国际利益失衡、发达国家试图压制发展中国家和后者不甘受

制于前者的利益压迫而产生贸易摩擦；发展中国家之间由于贸易结构、产业结构趋同为抢占世界市场激烈竞争而产生贸易摩擦。随着中国贸易规模的日益扩大，中美、中日、中欧、中印、中国和拉丁美洲等国家和地区的贸易摩擦都将不可避免。

（三）中国必然在贸易摩擦中从贸易大国走向贸易强国

1990 年中国 GDP 总量排名世界第 11 位，2005 年排名世界第 4 位，到 2010 年中国 GDP 达到 58786 亿美元，占世界 GDP 总量的 9.5%，首次超越日本，成为世界第二大经济体。与此同时，中国货物贸易规模也屡创新高。1978 年中国货物贸易额占世界贸易总额的比重不到 1%，居世界第 29 位。到 2005 年货物贸易额排名世界第 5，2010 年货物贸易额达到 29728 亿美元，比 2005 年增加了 1.1 倍，占世界贸易总额的 9.7%，是世界第二大贸易国。同时按照国际标准工业分类，2007 年在 22 个制造业大类中，中国在 7 个大类中名列第 1，有 15 个大类名列前三。“十一五”期间，中国经济年均增长 11.2%，远高于同期 3.5% 的世界平均水平。2010 年中国经济增长率达到 10.3%。[126]

从以上论述中可以看出中国强劲的发展势头，世界市场占有率的不断提升，制造业带来的贸易和经济的快速增长，中国的发展正改变着整个世界的政治、经济格局。10 年前，G20 中没有一个经济体的首要贸易伙伴是中国，到 2010 年 G20 中澳大利亚、日本、韩国、印度、俄罗斯、南非 6 个国家的最大贸易伙伴均是中国。中国作为贸易伙伴的崛起正改变着其他经济体的结构，使得这些国家的商业模式从制造业向原料生产国倒退，并纷纷引发发达国家和发展中国家对本国就业的担忧。从历史上看，一个新经济大国的崛起必然挑战现存大国，从而引发新旧大国之间经济的争霸战。因此，在中国贸易崛起的进程中所面临的频繁贸易摩擦，是中国竞争力和国际地位提升的必然现象。在我国从贸易大国迈向贸易强国的征途中，中国贸易必然要继续和其他经济体产生利益冲突，只有交往，将贸易融合进世界经济体中，中国贸易才能不断强大，而有贸易、“走出去”就会有利益碰撞。因此，在贸易中摩擦，在摩擦中强大，是我国对外贸易的必经之路。

二、中国遭遇贸易摩擦的合理性

贸易摩擦是一把“双刃剑”，本书通过对中国对外贸易发展成就和历程的简要回顾中得出，当前中国遭遇国际贸易摩擦有其合理性，这种合理性体现在：(1) 它是我国经济和外贸发展阶段的正常现象；(2) 它是我国淘汰落后企业、增强出口商品竞争力、促进对外贸易进一步发展的必需品，即贸易摩擦有其存在的合理性。

(一) 中国经济和外贸所处的发展阶段使中国遭遇贸易摩擦具有合理性

中国经济发展全面进入工业化中期，一方面全国总体处于工业化中期发展阶段，另一方面长三角等发达地区已经出现向后工业化发展的势头。因此，在此阶段，中国还是应大力发展制造业。此外，20 世纪 90 年代以后，第三次制造业国际转移浪潮方兴未艾，给中国承接产业转移、实现产业结构调整与升级带来战略机遇。国际直接投资源源不断地流入中国，中国在制造业方面不断提升技术水平、具备比较完善的基础设施和工业配套能力、拥有广大的市场、丰富的价格以及低廉的劳动力，这些都增加了对跨国企业的吸引力，众多跨国公司将中国纳入其全球生产和供应链之中，加之中国国内所处的工业化时期，使中国成为“世界工厂”。

而目前中国所处的“世界工厂”的地位，按照国际分工的地位，属于第一类来料加工型的“世界工厂”。在劳动密集型产业如纺织、服装、日用品等轻纺工业领域，以及劳动密集型与技术密集型相结合的组装加工业领域，如家用电器、电脑零部件等领域已经成为“世界工厂”，而上述领域也是我国遭遇贸易摩擦最频繁与严重的领域。2010 年中国纺织服装行业共遭受反倾销立案 40 起，且中国纺织品面临的贸易摩擦越来越多样化，从最初的配额限制、反倾销、特别保障措施到最近的反补贴、技术壁垒、企业社会责任、召回等形式多样。[127] 2009 年中国家电产品共遭遇 8 起贸易摩擦，[128] 摩擦形式也从反倾销扩大到技术壁垒，从总体趋势来看，家电产品出口贸易摩擦也将愈演愈烈。因此，现今中国经济和外贸所处的发展阶段决定了中国遭遇贸易摩擦的必然性，但此发展阶段是不可逾越的，是中国经济走向高级阶段的必由之路。同时按照中国的要素禀赋来看，此发展阶段具有经济发展的合理性，也就决定了中国遭遇贸易摩擦是经济发展过程中的一个合理现象。

（二）贸易顺差的日益增长使中国遭遇贸易摩擦成为一种经济常态，是经济发展过程中的正常现象

20 世纪 90 年代以来，中国对外贸易一直处于顺差状态。2000 年我国贸易顺差 205 亿美元，2005 年上升到 1019 亿美元，突破千亿美元大关，到 2010 年贸易顺差达到 1831 亿美元。[129]巨额的贸易顺差一方面促进了中国经济的增长，增加了外汇储备，增强了综合国力，提高了对外融资和引资能力，加强了中国抗击经济全球化风险的能力，有助于我国经济安全。因此，贸易顺差是我国经济发展特定阶段的一个必需品，是中国长期推行出口导向战略的必然结果。同时中国贸易顺差的增加就意味着与中国进行贸易的国家存在逆差扩大的现象，因此，逆差国会利用 WTO 规则限制中国产品进口，保护本国产业，国际贸易摩擦的产生就不可避免。中国一方面享受了贸易顺差带来的种种益处，另一方面也必然要承担由此带来的不利方面，这也是中国遭遇贸易摩擦的合理性之一。

中国内地的贸易顺差主要来源于美国、欧盟和中国香港。由于中国内地和香港之间存在大量转口贸易，因此，中国香港并不是中国内地真正的顺差来源地。而关于中美贸易不平衡问题的争端却由来已久。根据中方统计，1993 年中国对美首次出现贸易顺差，2000 年中国超越日本成为美国第一大贸易逆差国。加入 WTO 之后，由于美方贸易壁垒的减少，中国对美贸易顺差从 2001 年的 830 亿美元增长到 2008 年的 2680 亿美元，增幅高达 322%。2008 年全球性金融危机之后，到 2010 年贸易顺差仍有 1812 亿美元。与此同时，中国对欧盟的贸易顺差也不断增长，对欧盟贸易顺差从 2000 年的 73 亿美元增加到 2009 年的 1084 亿美元，到 2010 年进一步上升到 1427 亿美元。[130]从以上论述中可以看出，中国对美、对欧盟过量的贸易顺差和过高的顺差集中使双边之间的贸易摩擦显得十分必然。

（三）中国遭遇贸易摩擦符合帕累托最优配置要求

按照微观经济学“自由放任、自由选择、自由贸易”的原则，在自由市场经济条件下，激发人类行为的利己心是经济行为的动力，社会分工和自由竞争是提高经济效率的有效手段，价格的自由涨落能够有效矫正供求关系的失衡，把带有一定盲目性的个体经济活动引导到社会最需要的方面，从而实现利己与利人的统一，而达到利己与利人统一的最高标准是实现帕累托最优配置。帕累托最优配置是充分利己而又不损害他人利益的一种理想状态。按照这种理解，中国对外贸易的增长过快会威胁到其他国家的市场秩序和产业安全，即不符合帕累托最优配置，则中国对外贸易的增长必须是“适度”的，而不应当是“自由放任”的。然而中国的对外贸易其实是“量增价减”的，通过贸易造成了大量福利流失到他国，中国贸易条件逐年恶化，出口越多，自身福利流失越严重，对方获益也越多。因此，当中国遭遇贸易摩擦时，既可以改变中国出口企业低价竞销的恶性循环，又可使企业由依靠廉价劳动力获取价格优势向依靠技术、管理优势转变，真正提高出口产品质量。从长远来看，当前遭遇的贸易摩擦有助于推动中国自身贸易福利的增加和最终实现帕累托最优配置。

（四）一些国家发展的路径经验印证了贸易摩擦是中国融入国际社会的伴随物或副产品

发达国家和新兴工业化国家长期经济增长的实践告诉我们，国内市场狭小和国内需求不足是阻碍经济发展的重要因素，因此要取得经济发展，就必须不断拓展国外市场、扩大对外贸易。迈克尔·波特在国家竞争优势理论中就将市场的规模和需求状况作为其“钻石”的重要一角；后发优势理论也指出一国要赶超他国，必须注重扩大对外贸易。[131]

首先，从发达国家的发展路径来看，英国依靠枪炮开拓了大量海外殖民地，最早实现了工业化。随着机器大工业的快速发展，国内需求不足，产品过剩，为了扩大海外市场，英国大力推行贸易自由主义。而此时美国和德国等国家面对来自英国的大量低价产品的竞争，为了维护本国利益和保证本国产业发展，与英国的贸易摩擦不断。为此，美国从19世纪初就不断提高关税，关税税率从1816年的7.5%～30%提高到1828年的45%。[124]其次，从日本和一些新兴工业化国家的发展路径来看，都主要通过出口导向型政策来发展本国经济。因此，其出口之路也布满了贸易摩擦，贸易纠纷和争端也曾是它们对外贸易的常态。

再如日本，日美贸易摩擦也贯穿了日本现代经济的崛起过程，从20世纪50年代的轻工业贸易摩擦（以纺织品为主）、60年代的重化工业贸易摩擦（原材料工业如钢铁、造船）、70年代和80年代的加工组装产业摩擦（彩电、汽车等）到90年代的服务业、网络业贸易摩擦（电子产品、半导体等）。日本同美国的贸易摩擦历经近50年的历史，且未曾间断过，这正好与日本的经济复兴和成长为西方第二经济大国的时间相吻合。而中国同美国的最初贸易争端发生在20世纪90年代，迄今已有20多年。众所周知，这20多年是中国经济发展最快、国际地位上升最快的时期。再看新兴工业化国家，70年代末韩国跨入新兴工业化国家行列，韩国在美国外贸总逆差中所占份额逐年上升。80年代美国开始采取强硬措施，要求韩国开放农产品进口市场，并一再施压要求韩元升值。美国的举措损害了韩国既得利益，双方的贸易摩擦愈演愈烈。争端的范围扩大到韩国服务业开放、贸易特惠待遇等问题。仅1982～1986年双方就发生了87起贸易争端。[132]由此可见，在一国工业化初期和发展过程中，随着贸易量的扩大和贸易顺差的增加，贸易摩擦是难以避免的。

本章小结

外向型的经济发展模式导致中国在对外贸易规模不断扩大的过程中，遭遇的贸易摩擦也日益增多。尤其在加入WTO之后，全球贸易摩擦数量开始呈现逐步下降趋势，但是同期中国遭受贸易摩擦的数量却在不断增长。从中国遭遇贸易摩擦的特征来看，贸易摩擦方式由传统的反倾销调查向技术性贸易壁垒和知识产权保护等新型贸易摩擦转变，贸易摩擦的发起国由发达国家和地区向发展中国家和地区转移，贸易摩擦的对象从轻纺、钢铁等传统劳动密集型产业，逐步扩展到机电、设备等资本技术密集型产品，并开始向金融、零售等现代服务产业扩散，贸易摩擦领域也从微观的单一产品扩展到宏观的经济政策层面。从中国遭遇贸易摩擦的原因来看，中国频繁遭遇贸易摩擦既有世界经济与贸易发展不平衡，全球产业结构调整与国际分工格局演变以及国家间政治经济竞争等国际原因，也有中国对外贸易规模和贸易顺差增长过快，对外贸易商品结构、方式结构、区域结构不合理以及中国应对贸易摩擦不力等国内原因。但是，无论是从理论上还是从中国以及世界经济发展的实践来看，中国频繁遭遇贸易摩擦存在一定的必然性，是中国经济和外贸发展阶段的正常现象，是中国从贸易大国走向经济强国的必然过程，也是中国淘汰落后企业、增强出口商品竞争力、促进对外贸易进一步发展的必需品。因此，中国遭遇贸易摩擦既存在必然性又存在合理性。

第三章

中国对外贸易摩擦国别和地区结构研究

中国加入 WTO 之后，在巩固和发展传统外贸市场的同时，不断努力开拓新的市场，特别是广大的发展中国家和地区的市场，这使中国对外贸易的区域格局呈现出多元化的趋势，于是同中国发生贸易摩擦的国家和地区也越来越多。例如，2010 年中国出口遭遇的贸易壁垒事件涉及的国家和地区达到了 29 个。与此同时，中国对外贸易市场结构集中化的特征也非常明显，美国、欧盟、日本、东盟、印度、加拿大等国家和地区以及中国香港地区是中国内地主要的贸易伙伴，这也导致对中国发起贸易摩擦的国家和地区比较集中，在 2010 年对中国遭遇贸易壁垒事件的 29 个国家和地区中，涉及美国和欧盟的事件最多，分别为 360 起和 143 起；涉及加拿大、印度和日本的事件分别为 89 起、59 起和 48 起；土耳其、阿根廷、巴西和澳大利亚在 10 ~ 12 起之间；其他国家和地区则相对较少。[133] 由于出口遭遇贸易壁垒是发生贸易摩擦的最直接原因，因此，2010 年中国对外贸易摩擦主要集中在美国、欧盟、加拿大和日本四个发达国家和地区以及印度、土耳其、巴西、阿根廷 4 个发展中国家，呈现出明显的集中性趋势。针对中国对外贸易（出口贸易）摩擦国别和地区的广泛性和集中性特点，本章首先对中国与发达国家和发展中国家贸易摩擦的现状与特征进行比较，分析中国在对外贸易市场多元化的过程中两种类型的国家对中国发起贸易摩擦特点的一般性和特殊性；在两种类型国家整体比较的基础上，选择对中国发起贸易摩擦的主要国家和地区，分析它们对中国发起贸易摩擦的特点与趋势。

第一节　中国与各类国家和地区的贸易摩擦分析

一、中国与各类国家和地区贸易摩擦的现状

中国对外贸易区域格局多元化以及中国与其他发展中国家在国际市场上商品竞争日渐激烈，导致中国与发展中国家的贸易摩擦发生频率相对发达国家明显增加。以主要的贸易摩擦方式反倾销为例，根据商务部的统计，20 世纪 80 年代，发达国家和地区对中国的反倾销占中国遭遇反倾销总数的97%以上，发展中国家对中国的反倾销比例不足3%，发达国家和地区是发起对中国贸易摩擦的绝对主体。进入20 世纪90 年代之后，发展中国家对中国发起贸易摩擦数量迅速增加，1990 年至中国“入世”前，发展中国家对中国发起反倾销 207 起，所占比重为 52.7%，在数量上开始超过发达国家；自中国加入 WTO 之后，中国对外开放程度的加深导致与印度、土耳其、阿根廷、巴西等发展中国家竞争加剧，因此发展中国家对中国贸易摩擦增长也更加迅速，2001～2008 年，发展中国家对中国反倾销约占总数的 78%。[58] 1979～2010 年，中国共遭遇反倾销调查 1081 起，涉及的国家和地区共计 32 个，其中发达国家 8 个，发展中国家 24 个。1995～2016 年，中国共遭遇反倾销调查1217 起，涉及的国家和地区共计36 个，其中，发达国家 8 个，发展中国家 28 个。在对中国发起反倾销调查的前十位国家中，有 6 个是发展中国家，包括印度（199 起）、阿根廷（106 起）、巴西（96 起）、土耳其（80 起）、墨西哥（52 起）、哥伦比亚（46 起）。参见图3－1。

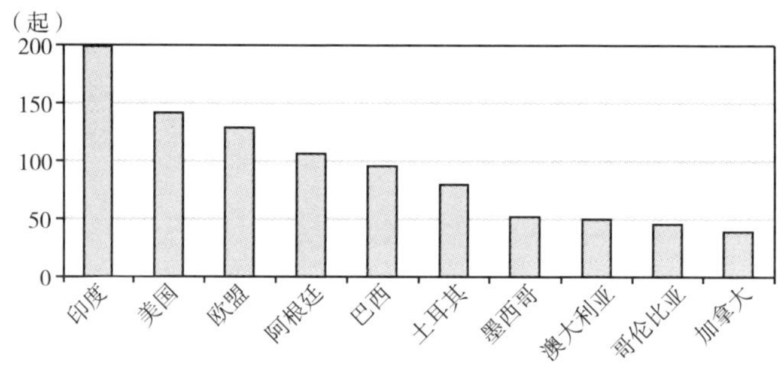

图 3－1　对中国发起反倾销主要国家和地区比较

资料来源：WTO. Trade topics-Anti-dumping.

金融危机期间，由于发达国家受危机影响较深且经济复苏缓慢，以及受到国内经济衰退和利益集团利益诉求的影响，发起对外贸易摩擦的频率明显上升，对中国发起贸易摩擦的比例也相对上升。美国、欧盟、澳大利亚和加拿大对中国贸易救济事件略有增加，而墨西哥、阿根廷和巴西这些主要发展中国家均有小幅度减少。

以上基于反倾销的中国对外贸易摩擦区域结构分析说明，中国与发展中国家贸易摩擦加剧。究其原因，一方面是因为中国对外开放程度深化导致与印度、巴西、土耳其、墨西哥等发展中国家的竞争加剧，于是贸易摩擦频繁发生；另一方面是因为以反倾销为主的价格型贸易摩擦正在由发达国家向发展中国家转移，美国学者托马斯丁·普鲁萨研究发现，高收入的经济合作与发展组织国家在全球反倾销的比例由 100%（1980～1984 年）降低到 41%（1995～1999 年）。[134] 因此，尽管从反倾销等传统贸易摩擦来看，发展中国家已经成为中国遭遇贸易摩擦的主要来源国，但是这并不意味着发达国家对中国的贸易摩擦在减弱，而是发达国家放弃反倾销等传统方式而转向了隐蔽性更高的新型贸易摩擦方式。另外，从贸易摩擦的涉案金额比较来看，1979～2008 年，全球对中国发起反倾销、反补贴、保障措施等贸易救济调查 980 起，涉案金额 249.4 亿美元。其中，发展中国家贸易救济调查案件涉案金额较小，仅为 65.7 亿美元，占涉案总金额 29.6%。因此，尽管从贸易摩擦的数量上来看发展中国家增幅较大，但是从总体影响上看与发达国家还有很大的差距。

二、中国与各类国家和地区贸易摩擦的特征

（一）贸易摩擦领域比较

从贸易摩擦的行业分布来看，中国与发展中国家的贸易摩擦主要集中在资源型和劳动密集型商品上，而中国与发达国家和地区之间的贸易摩擦则逐渐向科技含量较高的行业转移。从2014年和2015年美国和印度这两个对中国实施贸易壁垒最多的发达国家和发展中国家对比来看，美国对中国贸易壁垒涉及最多的行业是机电产品，2014年和2015年分别为191起和70起，占比39.6%和18.0%；其次为矿产化工产品，2014年和2015年分别为115起和103起，占比23.9%和26.5%。印度对中国实施贸易壁垒涉及最多的是矿产化工产品，2014年和2015年分别为67起和51起，占比69.8%和56.0%；而机电产品在两年间均未发生；另外，印度对中国出口的金属陶瓷产品设置贸易壁垒相对较多，2014年和2015年分别发生15起和30起，占比15.6%和33.0%。参见表3－1和表3－2。

表3－1　2014年和2015年美国、印度对中国贸易壁垒产品数量比较　单位：起

年份	国家	动植物	食品	矿产化工	皮革木材	纺织品	金属陶瓷	机电产品	其他产品
2014	美国	15	8	115	18	24	100	191	11
	印度	0	2	67	3	7	15	0	2
2015	美国	31	6	103	22	12	104	70	40
	印度	0	0	51	2	8	30	0	0

资料来源：王亚星．中国出口贸易壁垒监测与分析报告［M］．北京：中国经济出版社，2016：296－302.

表3－2　2014年和2015年美国、印度对中国贸易壁垒产品比例比较　单位:%

年份	国家	动植物	食品	矿产化工	皮革木材	纺织品	金属陶瓷	机电产品	其他产品
2014	美国	3.1	1.7	23.9	3.7	5.0	20.7	39.6	2.3
	印度	0	2.1	69.8	3.1	7.3	15.6	0	2.1

续表

年份	国家	动植物	食品	矿产化工	皮革木材	纺织品	金属陶瓷	机电产品	其他产品
2015	美国	8.0	1.5	26.5	5.7	3.1	26.8	18.0	10.3
	印度	0	0	56.0	2.2	8.8	33.0	0	0

资料来源：王亚星．中国出口贸易壁垒监测与分析报告［M］．北京：中国经济出版社，2016：296－302.

发达国家和发展中国家对中国贸易摩擦行业的分化也充分反映出，中国目前正处在产业结构高级化的转型期，所以中国不但在资源密集型和劳动密集型产业上具有竞争优势，而且在资本密集型和技术密集型产业上也具有巨大的发展潜力。由此可以看出，中国与发达国家在机电产品等相对技术密集型产业存在较强的竞争，而与发展中国家的竞争还主要集中在资源型、劳动密集型产品以及钢铁等传统的资本密集型产品上。

（二）贸易摩擦方式比较

目前，以美国为首的发达国家针对中国发起的贸易摩擦已经逐渐从产品、企业等微观领域上升到宏观经济政策、产业政策乃至对外贸易战略层面，其更关注的是对其国家利益具有更大威胁的贸易相关问题，例如，人民币汇率、非市场经济地位、知识产权保护问题等。因此，技术性贸易壁垒和知识产权保护等新形式贸易壁垒导致的贸易摩擦在发达国家对中国的贸易摩擦中占主要地位。以技术性贸易壁垒为例，2005 年中国企业出口遭遇的技术性贸易壁垒主要来源于美国、欧盟、日本等发达国家和地区，其中受欧盟限制的 40%，受美国限制的 27%，受日本限制的 25%。欧盟、美国、日本等发达国家和地区所采取的技术性贸易壁垒对中国出口造成的损失约占总损失的 95%。相对于发达国家而言，中国与多数发展中国家具有相同的比较优势，在国际市场上的竞争主要体现在矿产、纺织、化工、钢铁等劳动密集型或低附加值的资本密集型产品上。相对于这些低附加值的产品而言，价格上的竞争非常激烈，按照科坦和萨杨（Kotan，Z. and S. Sayan，2002）的研究结果，在欧盟市场上，中国和土耳其的出口产品之间存在着较强的价格替代弹性，这就意味着价格的提高将会导致其市场份额被其他国家所取代，提高竞争对手的价格也同样是保护国内市场最好的手段。[135] 另外，由于中国和其他发展中国家在技术发展水平上基本处于大体相同的阶段，因此，受技术性贸易措施的影响很小，中国与印度、土耳其等发展中国家的贸易摩擦以反倾销等价格型的贸易摩擦为主。

发达国家和发展中国家对中国贸易摩擦方式的差异同样可以通过美国、欧盟和印度的对比来验证。2015 年美国对中国出口频频设置贸易壁垒，事件涉及的方式包括反倾销、反补贴、技术性贸易壁垒、保障措施，反倾销和技术性贸易壁垒是美国对中国发起贸易摩擦的主要形式。其中，反倾销案件 160 起，占比 39%；技术性贸易壁垒案件 152 起，占比 37%；涉及其他形式的案件则相对较少。参见图 3-2。

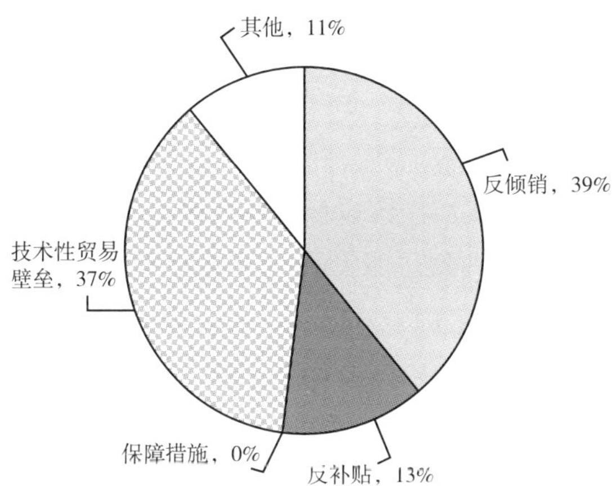

图 3-2　2015 年美国对中国贸易壁垒方式

资料来源：王亚星．中国出口贸易壁垒监测与分析报告［M］．北京：中国经济出版社，2016：296-297.

2015 年欧盟对中国贸易壁垒涉及的方式包括反倾销、反补贴和技术性贸易壁垒，其中，技术性贸易壁垒引起的贸易摩擦案件 248 起，占比 61%；其他贸易壁垒引起的贸易摩擦案件 112 起，占比 28%；反倾销引起的贸易摩擦案件 50 起，占比 12%。参见图 3-3。

2015 年印度对中国贸易壁垒主要涉及的方式有反倾销与保障措施两种，其中反倾销 101 起，占比 94%，保障措施 5 起，占比 5%，反补贴 1 起。没有发生因技术性贸易壁垒、知识产权等引起的贸易摩擦。

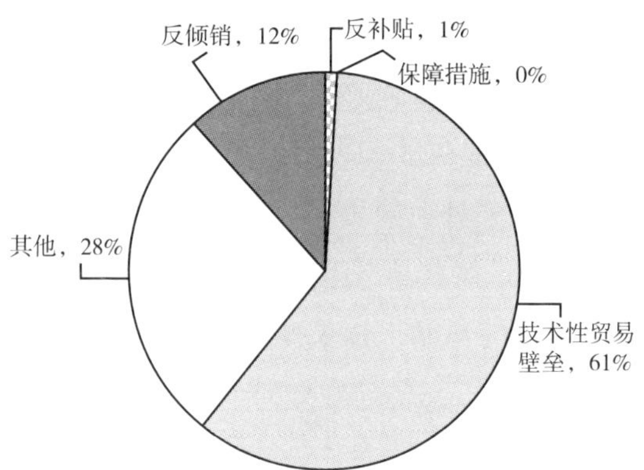

图 3－3　2015 年欧盟对中国贸易摩擦方式

资料来源：王亚星．中国出口贸易壁垒监测与分析报告［M］．北京：中国经济出版社，2016：295－296.

（三）贸易摩擦执行率比较

发达国家和发展中国家对中国贸易摩擦的执行率（或实施比率）有着明显的差别，以反倾销为例，发达国家的执行率相对较低，而发展中国家的执行率则相对较高。在 1995～2015 年对中国发起反倾销调查较多的国家中，土耳其对中国反倾销调查的执行率接近 90%，阿根廷和印度的执行率都在 80% 之上；发达国家的执行率相对较低，美国、欧盟和加拿大的执行率为 70%～80%，而澳大利亚对中国平均每 5 起反倾销调查最终只有 2 起被征收反倾销税。例如，1995～2015 年，美国对中国发起的 130 起反倾销调查中，有 105 起最终采取了反倾销措施，占案件总数的 80.8%；同期，欧盟的实施比率为 70.4%，印度实施比率为 81.6%，澳大利亚为 45.8%，阿根廷为 79.8%，秘鲁为 77.3%，土耳其高达 88%。参见表 3－3。

表 3－3　主要国家和地区对中国反倾销实施比率比较　单位：%

国家	美国	欧盟	印度	阿根廷	土耳其	秘鲁	澳大利亚	加拿大
比率	80.8	70.4	81.6	79.8	88	77.3	45.8	73

资料来源：WTO. Trade topics. Anti-dumping.

之所以出现发达国家和发展中国家反倾销执行率的分化，主要原因在于发达国家的反倾销立法历史久远且法律体系完善，而发展中国家多数在 1985

年开始反倾销行为之后才逐步对其立法，法律体系不健全，处理反倾销案件随意性较大，既无实体标准，也无程序要求，甚至随意提起诉讼和调查，用高额的反倾销税把中国产品挤出当地市场，达到其贸易保护的目的。例如，1993 年墨西哥对中国反倾销调查涉及 10 大类 4000 多种产品，占当时中国对墨西哥出口产品的 75%。而且土耳其、印度墨西哥等国家通常不考虑中国国内生产成本的实际价格，而是随意选择经济发展水平远高于中国的国家作为替代国，导致对中国判定倾销成立的概率提高。[58] 除了执行率较高之外，发展中国家对中国贸易摩擦的惩罚力度也更大，同样以反倾销为例，发达国家和发展中国家对中国的反倾销税率差别较大，其中发展中国家明显偏高，例如，1993 年墨西哥对中国出口的鞋类征收 1105% 的反倾销税率，化学品税率为 673%，自行车内外胎 594%，服装 533%。但是，随着金融危机导致的贸易保护主义抬头，发达国家和发展中国家对中国征收的反倾销税率都在提高。例如，2008 年巴西对我国出口的石墨笔和彩笔征收的反倾销税率分别为 201. 4% 和 202. 3%；美国商务部对原产于中国的柠檬酸及其盐类产品征收的反倾销税率为 134. 75%；2009 年美国商务部宣布对中国出口美国的床用内置弹簧组产品征收 164. 75% ~234. 51% 不等的反倾销税；同期印度对中国塑料加工机械反倾销调查作出初裁，建议征收 76% ~223% 的临时反倾销税。[57]

第二节　中国与主要发达国家和地区的贸易摩擦分析

一、中美贸易摩擦分析

美国是世界上最大的发达国家，中国则是世界上最大的发展中国家和转型经济体，中美两国也互为对方的第二大贸易伙伴。自 1979 年中美两国签署了《中美贸易关系协定》，中美两国之间的经贸关系总体上处于稳定状态，美国是仅次于欧盟的中国第二大贸易伙伴。但是经贸领域的摩擦也自始至终伴随着中美关系发展的每个阶段，中美贸易摩擦也成为中国对外贸易摩擦中最为重要的部分。

（一）中美贸易摩擦的历程

纵观中美贸易摩擦的整个历程，大致可以将中美贸易摩擦划分为以下四个阶段。

1. 贸易摩擦起步阶段（1979～1989 年）

这一阶段中美之间刚刚恢复政治性的接触，中美之间战略性的政治关系直接影响到美国对中国的贸易政策，使得双边贸易摩擦比较容易调整。另外，在该阶段由于中美双边贸易规模较小，中国出口没有对美国国内产业产生实质性的影响，因此美国对中国的贸易政策总体上也较为宽松，贸易摩擦仅体现在个别商品上且数量不多。例如，1980 年 7 月，美国对中国薄荷醇进行了首次反倾销调查。该阶段中美贸易摩擦主要表现为美国对中国出口商品设限，尤其是对纺织品实行限额。

2. 贸易摩擦增多阶段（1990～2001 年）

20 世纪 90 年代中美双边贸易得到了飞速发展，中国大量廉价的产品出口对美国国内的一些产业产生了很大的冲击，引起美国各界的高度关注与恐慌。而且在这一时期中国正在积极申请恢复关贸总协定缔约国地位和加入 WTO，美国对中国的贸易政策中心是就基本的贸易协定与中国进行谈判，因此，中美贸易摩擦主要围绕美国给予中国最惠国待遇、永久性贸易关系等问题上，美国对中国贸易摩擦主要以反倾销和出口管制为主，并根据“特别 301 条款”要求中国加强知识产权保护。

3. 贸易摩擦加剧阶段（2002～2012 年）

随着中美两国贸易的进一步发展，中美贸易不平衡问题也日渐突出，美国与中国在人民币汇率、贸易平衡、知识产权保护等领域的摩擦不断加剧，贸易摩擦的领域和范围不断扩大，并呈现出由微观产业逐渐向宏观经济政策层面扩散的趋势，制度性贸易摩擦成为中美贸易摩擦的关键。除了反倾销等传统的贸易救济措施之外，技术性贸易壁垒、反补贴与特别保障措施、337 调查、社会性贸易壁垒等更加具有隐蔽性的贸易保护手段成为美国对中国发起贸易摩擦的主要手段。尤其是在美国次贷危机之后，受国内实体经济衰退等因素影响，美国对外贸易保护主义加剧，一方面为了保护国内产业避免中国低价格产品的冲击，另一方面受国内利益集团的影响乃至为了获得更多的政治选票，美国对中国发起贸易摩擦在规模和范围上都呈现加剧趋势。

4. 贸易摩擦升级为贸易战阶段（2018 年）

2018 年 3 月 9 日，特朗普正式签署关税法令，对进口钢铁和铝分别征收 25% 和 10% 的关税，仅加拿大、墨西哥获临时豁免。此举在国际上引发多国反对，新一轮国际贸易博弈拉开序幕。2018 年 3 月 22 日，美国宣布再次对中国发起 301 调查，将对从中国进口约 600 亿美元商品大规模加征关税，并限制中国企业对美投资并购。次日，中国立刻做出回应，发布了针对美国进口钢铁和铝产品 232 措施的中止减让产品清单并征求公众意见，拟对自美进口价值约 30 亿美元的部分产品加征关税。此外，从 2018 年 4 月 2 日起对原产于美国的 7 类 128 项进口商品中止关税减让义务，在现行适用关税税率基础上加征关税，中美贸易战正式打响。

2018 年 4 月 4 日，美国政府发布了加征关税的商品清单，将对中国输美的 1333 项 500 亿美元的商品加征 25% 的关税。中国立即应对，决定对原产于美国的大豆、汽车、化工品等 14 类 106 项商品加征 25% 的关税，具体实施日期将视美国政府对我商品加征关税实施情况，由国务院关税税则委员会另行公布。

（二）中美贸易摩擦的特点

1. 贸易摩擦发展的频繁性

中国经济和对外贸易的飞速发展打破了原有的国际经贸和利益分配格局，引起了包括美国在内的一些国家和地区的高度关注和担忧，受“中国威胁论”影响，美国国内遏制中国经济发展的呼声日渐高涨，在此背景下中美贸易摩擦的频率大大增加。以反倾销为例，根据 WTO 的相关统计，20 世纪 80 年代，美国对中国反倾销年均 1. 7 起，90 年代上升至年均 5. 1 起，进入 21 世纪之后每年平均高达 7. 1 起；与此同时，美国对中国反倾销占美国对外反倾销比例也不断提高，80 年代该比例平均为 3. 9%，90 年代上升为 12. 53%；2000 年以来平均高达 22. 1%；2006 年该比例更是高达 80%，美国每 5 起反倾销调查中就有4起是针对中国商品。[136]参见表3－4。

表3－4　美国对中国反倾销案件及其占美国反倾销总数比例

年份	数量（起）	比例（%）	年份	数量（起）	比例（%）	年份	数量（起）	比例（%）
1980	1	4.35	1991	6	10.71	2000	7	14.29
1982	3	4.62	1992	5	5.32	2001	8	10.67
1983	4	8.89	1993	7	17.07	2002	9	25.71
1985	6	6.82	1994	11	22.45	2003	10	25
1986	1	1.43	1995	2	14.29	2004	6	23.08
1988	1	2.56	1996	6	30	2005	3	23.08
1989	1	3.85	1998	1	2.63	2006	4	80
1990	7	20.59	1999	7	14	2007	12	42.86

资料来源：美国国际贸易委员会2008年1月发布的Import Injury Investigations Case Statistics（FY 1980～2006）统计。

在中美贸易摩擦频率加快的同时，贸易摩擦的涉案金额也日益增大。例如，在20世纪80年代贸易摩擦涉案金额达千万美元的并不多见；在20世纪90年代，美国对中国反倾销案件中，自行车涉案金额达2亿美元，旅行箱包涉案金额达6亿美元，家具涉案金额达12亿美元；进入21世纪，中美贸易摩擦的涉案剧增，2005年美国对中国纺织品设限并发起特别调查，涉及中国产品24种，涉案总金额达到63亿美元。除此之外，针对人民币汇率问题、非市场经济地位、技术性贸易壁垒和社会性贸易壁垒等贸易摩擦，尽管其影响很难用货币进行精确衡量，但其后果则更加严重，影响的范围也更加广泛。

2. 贸易摩擦方式的多样性

自中美之间经贸关系正常化以来，反倾销一直是美国对中国贸易摩擦的主要形式，1979～2010年，美国对中国发起反倾销调查153起，居全球首位。随着中美经贸关系的不断深化以及中国社会主义市场经济建设和WTO规则的限制，美国开始更多地运用比较隐蔽的手段，反补贴、反规避、知识产权保护、人民币汇率问题等成为美国发起贸易摩擦的新型手段。2005年2月，美国商务部对原产于中国的石蜡蜡烛进行两项反规避调查，成为美国自1995年乌拉圭回合谈判之后首次对中国发起反规避调查；2006年9月，美国商务部再次对原产于中国的棉纸发起反规避调查。由于反规避案件税率按反倾销案件裁定的最高税率计算，给中国企业带来极大的伤害。2005 年 2 月美国的两家公司指控中国四家维生素 C 生产商联合操控国际市场价格，触犯了美国的《反垄断法》；另外，美国相关公司还对中国镁砂和镁制品以及矾土提起过反垄断调查，反垄断也成为美国打压中国产品的新方式。2006 年美国商务部对原产于中国的涂布纸发起反倾销和反垄断调查，成为美国首次对针对中国的反补贴调查，指控中国的补贴措施达到 14 种；2007 年美国正式宣布对中国出口的铜版纸实施反补贴措施，打破了美国 20 多年不对“非市场经济国家”实施反补贴措施的惯例。2007 年 7 月美国国会听证会上，钢铁业代表指责中国政府没能严格执行国内环保法律，中国企业无须为环境污染支付成本，形成不公平的“相对优势”，表明能源和环境问题成为中美贸易摩擦新的关注点。除此之外，美国有关知识产权保护的 337 调查、强制推广的 SA8000 标准认证以及各种新型的技术性和绿色贸易壁垒，都成为美国对中国发起贸易的新型手段。

3. 贸易摩擦领域的高级化

中国是最大的发展中国家，美国则是最大的发达国家，两国经济发展水平和科学技术实力的差异决定了两国具有明显不同的比较优势，最终体现为两国出口贸易结构的互补性，美国对中国出口以资本、技术密集型产品和农产品为主，而中国对美国出口则以劳动密集型和低附加值的资本技术密集型产品为主。这种出口结构的互补性构成了中美贸易摩擦产业间特征，自 20 世纪 80 年代开始，以纺织品服装贸易摩擦为起点，逐步扩展到家具、彩电、农产品、机电产品等领域，几乎涵盖了中美各自具有比较优势的行业。参见图 3 -4 和图 3 -5。

而且随着中国比较优势的动态变化和新型贸易摩擦方式的不断涌现，中美之间的贸易摩擦也在不断地向更高级领域扩展，主要表现为由货物贸易向服务贸易和投资领域扩展，从劳动密集型产品向资本技术密集型产品扩展，由传统的农业、纺织、钢铁、轻工、化工等低附加值产品向机电产品、电子信息、生物科技、飞机制造等高附加值产品延伸，由企业个案向宏观经济政策、产业制度、劳动权利和环境保护等宏观经济体制层面递进。因此，中美贸易摩擦已经进入全方位、多层次的贸易摩擦并发阶段，并逐渐向更高级的领域和层次渗透。

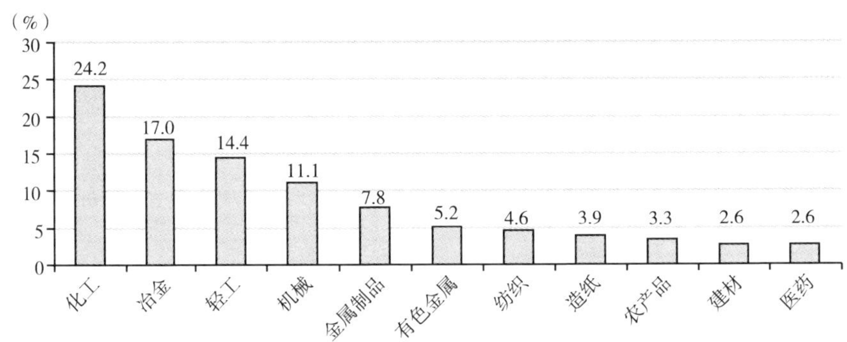

图3-4 1980~2010年美国对中国反倾销主要行业分布①

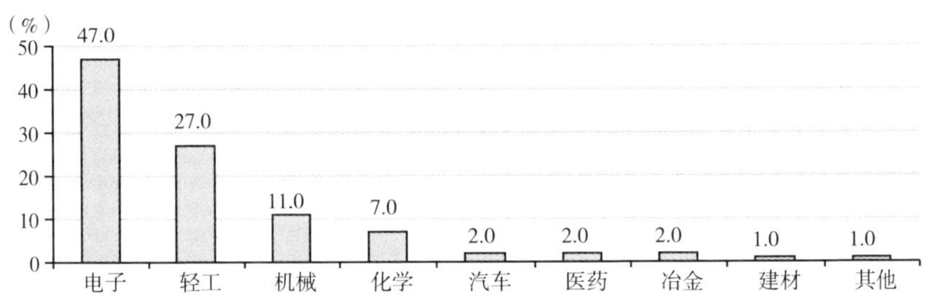

图3-5 1986~2010年美国对中国知识产权保护主要行业分布

4. 中美贸易摩擦的政治化

中美两国在意识形态和社会制度上的差异，导致两国贸易摩擦呈现出明显的政治化特征。目前，就中美贸易摩擦的表现而言，已经从单纯的贸易领域扩展到人民币汇率、资本市场开放、劳动权利、环境保护和知识产权保护等政府管理层面，这也是中国在当前改革开放中所要解决的主要矛盾和问题，涉及中国的体制改革深层次问题。另外，中美贸易摩擦一直是与中美政治关系发展相统一的。中国经济飞速发展和综合国力的提升打破了原有的国际经

① 以下图、表如未注明资料来源，均来自：顾春芳．全球贸易摩擦报告［M］．北京：中国商务出版社，2011.

济和政治格局，引起美国对中国崛起的担忧，美国一直将中国认定为潜在的竞争对手，担心中国的崛起会触动美国自身的利益，受长期存在的“中国威胁论”影响，美国一直寄希望于通过经贸领域的措施来遏止中国的发展。就美国国内而言，对中国贸易摩擦“政治化”轨迹与美国选举周期紧密相关，周期性竞选活动在很大程度上对中美经贸关系造成很大影响。每当大选临近时，对中国经贸问题会受到共和党和民主党两党共同关注，甚至会成为辩论的重要议题；美国国会也常常以中国人权问题、履行多边或双边协议情况的报告等形式，影响美国的公众舆论；美国的一些利益集团为了自身的利益常常开展“院外活动”，批评中国的经贸政策，给政府和国会施加压力。美国历次挑起大规模贸易摩擦从来就国内各种政治力量和众多利益集团相互博弈的结果，其目的无非是赢得国内政治选票，通过对中国贸易摩擦赢得国会或者利益集团对政府各项政策的支持与赞同。

（三）中美贸易摩擦的根源——中美、日美贸易摩擦比较

目前，中美贸易摩擦呈现出了长期化、常态化的发展趋势，其根本原因就在于中国作为一个新兴大国日渐崛起引起了美国的担忧，贸易摩擦则是两国综合对抗在贸易领域内的集中表现。从中美和日美之间贸易摩擦的对比可以看出，无论是在贸易摩擦的时间、贸易摩擦的内容还是双方的处理方式上，中美和日美贸易摩擦都有着惊人的相似之处。[137]

1. 贸易摩擦时间比较

从贸易摩擦的时间来看，中美贸易摩擦和日美贸易摩擦都具有长期趋势，而且几乎都是与中国和日本的日渐崛起同步。日美贸易摩擦开始于20世纪60年代中期，与日本的经济崛起并逐渐成为世界第二大经济体的时间一致；中美在贸易摩擦则发轫于20世纪90年代初，至2018年为止的20多年也是中国经济发展最快、综合实力和国际地位上升最快的时期。而且在贸易摩擦的过程中，美国对中国和日本的定位也随着中、日经济实力的变化而不断演变。从美国对日本的定位来看，20世纪60年代，日本与美国之间表现出明显的“主从关系”；到了70年代中期，日本经济得到飞速发展，并提出了“全方位外交”战略，积极与其他国家搞好关系；到了80年代之后，美国主动提出

“要求日本与美国分担世界领导权”的口号；90 年代之后，随着日本泡沫经济破灭，美国又“重新定义日美同盟”。同样，就美国对中国定位而言，由 20 世纪 80 年代的改革逆转论发展到 90 年代的“中国威胁论”，再由 21 世纪初的“利益相关论”演变到近几年的“大国责任论”，美国对中国定位的演变说明美国逐渐加深对中国的理解，同时也反映出中国在国际社会关系中地位的变化。中美和日美贸易摩擦时间的对照以及惊人的一致性表明，贸易摩擦是中国作为新兴大国融入国际社会的必然产物。

2. 贸易摩擦内容比较

从贸易摩擦的内容来看，美国对中国和日本的贸易摩擦都经历了从个别产品到整体产业，再到贸易平衡与对美元汇率，最终向经济管理体制乃至国家发展战略的渐进演化过程。美国与日本之间的贸易摩擦的开端于日本向美国出口的衬衫，在经历了纺织品、玩具、家电、汽车等领域的争端之后，贸易摩擦蔓延到金融领域，最终在 1985 年《广场协议》迫使日元升值，其最终的效果则在 10 多年后全面体现，将日本带入长达 10 年的经济低迷，随后在美国紧逼下的经济社会管理体制改革又给日本的经济重振带来新的不确定因素。中美贸易摩擦则是日美贸易摩擦进程的缩影，改革开放以来，中国的产业结构调整成效显著，产业结构由以轻纺工业为代表的劳动密集型向资本和技术密集型的重化工业转变。产业结构升级直接导致中国出口产品结构的升级，中国在短期内实现了出口由轻纺产品向机电产品再向高新技术产品的转变。因此，中美贸易摩擦也在 20 多年间从纺织品摩擦、钢铁摩擦上升到了汇率的争端。目前，要求中国调整经济发展模式与战略也成为美国向中国施压的主要领域。

3. 贸易摩擦处理方式比较

从摩擦的处理方式来看，在日美贸易摩擦初期，美国凭借其巨大的经济技术优势，对日本给予了大力的支持与扶植，日本则顺势利用美国的技术和广阔的市场为自己赢得发展空间。而当美国国力下降时，日本则成为美国各界主要的指责和批评对象，日元升值及其之后的泡沫经济反映了美国对日本经济从扶植向限制和防范的战略转变。中美之间的贸易摩擦处理方式也是如此。在改革开放之前，中国产品低成本的竞争优势在国际市场上没有引起太多的关注。但是，在改革开放之后，中国产品开始逐渐走向国际市场，美国通过进口中国廉价产品所获得的经济利益要远远大于中国产品竞争优势对其造成的压力，因此在整体上基本采取了容忍乃至鼓励的态度；自中国加入WTO以后，廉价的中国产品开始全面大量地进入国际市场，低成本优势进一步引发全球生产和供应链重组，面对中国产品强大的价格优势许多国家失去了原有市场份额和既得利益。于是，美国开始以“反倾销”“反补贴”等形式对中国的出口产品竞争力进行限制，甚至于从贸易管理体制、人民币汇率等方面不断挑起贸易争端，其根本目的还是在于对中国出口和经济发展的限制和防范。

二、中欧贸易摩擦分析

自2005年北约东扩之后，欧盟成为中国的第一大贸易伙伴，中国则是欧盟的第二大伙伴。中欧贸易关系的迅速发展也使得中欧贸易摩擦不断加剧，例如，在所有对中国发起反倾销调查的国家和地区中，欧盟仅次于美国居第二位。

（一）中欧贸易摩擦概述

1975年，中国与当时的欧共体建立了正式的外交关系，中欧经贸关系从此进入了快速发展时期。尽管中欧贸易在30多年时间里给双方带来巨大的经济利益，但是，中欧贸易关系却经历了不断的波折。在20世纪80年代末期，由于非经济方面的原因，中欧双边经贸关系曾经一度停滞，甚至出现了倒退，在其他阶段中欧经贸领域内的摩擦也不断发生，对中欧经贸发展产生了很大的负面影响。到目前为止，中欧之间在经贸领域内的摩擦几乎涵盖了所有领域和所有形式，据中欧相关部门统计，自1979年欧共体对中国的糖精钠、机械闹钟发起反倾销，欧盟（欧共体）1979～2010年对中国启动贸易救济调查169起，其中，反倾销调查152起，保障措施5起，特别保障措施10起，反补贴2起；另外，发起反规避和反吸收调查分别为25起和8起，占欧盟反规避和反吸收案件总数的55.6%和72.7%。2008年之后受金融危机影响，欧盟贸易保护主义抬头，2009 年和 2010 年，中国出口欧盟商品遭遇的技术性贸易壁垒与绿色贸易壁垒案件分别为 228 起和 151 起，遭遇反倾销壁垒 40 起和 60 起。此外，中国与欧盟之间汇率摩擦、投资摩擦、知识产权保护摩擦也不断发生。中国是世界上最大的发展中国家，而欧盟则是世界上最大的区域集团，随着中欧经贸关系的不断深化以及欧元区经济形势的不断恶化，可以预见，未来相当长的时期将是中欧贸易摩擦的高发阶段，甚至在某些领域还会出现激化的可能。

（二）中欧贸易摩擦的阶段性特征

从时间维度来考察中欧贸易摩擦，可以从三个阶段来考察中欧贸易摩擦的阶段性特征。

1. 1979 年至 WTO 成立

由于这一阶段中国和欧共体之间贸易规模较小，中欧之间贸易摩擦也相对较少。以反倾销调查为例，1979～1994 年欧共体总计对中国发起反倾销调查立案 56 起。尽管在 20 世纪 90 年代之后，随着中国对外经贸交往的扩大，欧共体对中国反倾销也大幅增长，但是总体而言，反倾销调查立案并不频繁。参见图 3－6。

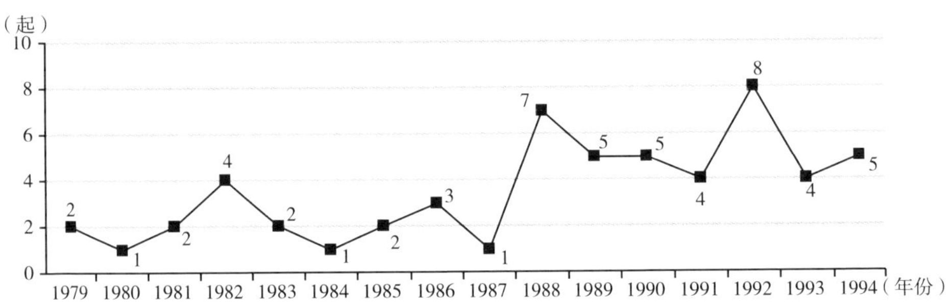

图 3－6　1979～1994 年间欧共体对中国反倾销变化趋势

资料来源：吴艳．中国与欧盟经贸摩擦的特点及发展趋势分析［J］．统计与决策，2011（17）：141－144.

2. 1995～2008 年中国加入 WTO 前后

中国加入 WTO 对中欧经贸摩擦产生了显著的影响，前后对比可以看出中欧贸易摩擦在2002年之后出现明显上升趋势。同样以欧盟对中国反倾销为例，1995~2001年，欧盟对中国反倾销立案总数37起，年均5.3起；2002~2008年欧盟对中国反倾销调查立案48起，年均6.9起。而且，自中国加入WTO之后，欧盟对中国反倾销立案数占同期欧盟反倾销立案比重也大幅上升，1995~2001年，欧盟对中国反倾销立案数占总数的15.1%，而2002~2008年，该比例上升到33.8%，2007年该比例更是高达66.7%。详见表3-5。此外，中国加入WTO以后，欧盟对中国的摩擦方式也开始多样化，保障措施、特别保障措施调查、技术性贸易壁垒几乎都是在我国加入WTO之后开始出现。

表3-5　　1995~2008年间欧盟对中国反倾销数量和比例比较

年份	1995	1996	1997	1998	1999	2000	2001	平均
数量（起）	5	6	5	2	12	6	1	5.2
比例（%）	15.2	24	11.9	5.8	18.2	19.4	3.7	15.1
年份	2002	2003	2004	2005	2006	2007	2008	平均
数量（起）	4	3	9	8	12	6	6	6.9
比例（%）	20	42.9	21	33.3	34.3	66.7	33.3	33.8

资料来源：吴艳．中国与欧盟经贸摩擦的特点及发展趋势分析［J］．统计与决策，2011（17）：141-144.

之所以会出现以上特征，一方面是因为中国加入WTO之后与欧盟之间的贸易规模显著扩张，自2004年开始欧盟一直是中国第一大贸易伙伴，并于2007年超过美国成为中国的第一大出口地区，中欧贸易的快速发展所带来的竞争也给彼此埋下了摩擦的伏笔；另一方面则是欧盟于2004年开始了新一轮扩张，欧盟成员由原来的15国扩大到25国，此次中东欧10国的加入将原来10国与中国的贸易摩擦转移到了整个欧盟内部。2004~2006年，欧盟对中国反倾销显著增长，尤其是特别保障措施调查出现成倍增加，2004年之前，欧盟对中国启动的特别保障措施调查仅有1起，而2005年欧盟对中国启动的特别保障调查就高达9起，其中有8起针对纺织品（主要的原因就在于纺织业是新加入欧盟的中东欧国家的相对优势产业）。

3. 2008年金融危机之后至今

2008年全球金融危机爆发后，欧盟实体经济衰退，区域内贸易保护呼声不断，并相继出台了一系列贸易保护措施，导致中欧双边经贸摩擦不断。2008 年以来，欧盟对中国出口的钢线材、钢铁紧固件、汽车轮毂、光伏产品等连续发起反倾销调查。2012 年对光伏产品多次发起双反调查，一度使多家中概股或面临退市风险。此外，频繁利用技术性贸易壁垒对中国出口进行限制，2009 年欧盟对中国发起技术性贸易壁垒与绿色贸易壁垒案件为 228 起，2014 年和 2015 年则高达 473 起和 248 起，同期反倾销 33 起和 50 起。当前，受欧元区债务危机、难民危机及英国脱欧等影响，欧盟实体经济面临着诸多不确定因素，因此，中欧贸易摩擦存在进一步激化的可能。

（三）中欧贸易摩擦方式与趋势

1. 反倾销是贸易摩擦的主要方式之一

从以上关于中欧贸易摩擦的阶段性特征可以看出，反倾销是过去中欧贸易摩擦的主要方式，在欧盟对中国发起反倾销调查数量不断增长的同时，反倾销的范围也越来越大，1979～2010 年，欧盟对中国的反倾销调查涉及 15 个行业，尤其是中国具有明显比较优势的轻工、冶金、化工、纺织等行业的反倾销调查尤为集中，甚至对中国出口的鞋类、自行车及零部件、打火机、钢铁等产品多次发起反倾销调查。在数量增加和范围扩大的同时，反倾销调查的涉案金额也越来越大，受其影响的中国企业也越来越多，例如，在 2005 年欧盟对中国出口的皮鞋发起的反倾销调查中，中国有 1200 多家企业涉案，最终的涉案金额达到 7.3 亿美元。由于反倾销可以为本国产业提供简单易行且行之有效的保护，所涉及的是具体的产业因而不会受到“互惠原则”和“非歧视性原则”的约束，而且反倾销一般不会引起大范围的国际争端。因此，由反倾销引起的贸易摩擦在短期内仍将是中欧贸易摩擦的主要形式之一。

2. 技术性及绿色贸易壁垒已成为最主要方式

欧盟是最先意识并运用技术性贸易壁垒的地区，也是当前世界上技术性贸易措施标准最严格、运用频率最高的地区之一，欧盟也是中国出口商品遭遇技术性贸易壁垒的主要来源地。目前，中欧之间因欧盟技术性贸易壁垒而引起的贸易摩擦日渐增多，2010 年中欧贸易摩擦中的 69% 是由技术性贸易壁垒和绿色贸易壁垒所引起，2015 年中国出口贸易遭遇欧盟技术性及绿色贸易壁垒达 248 起，占全球的 36%，高于美国的 22%，并且已经远远超过了反倾销的影响。近几年，欧盟不但相继颁布了大量技术法规和标准，而且对技术标准和环境标准规范和程序要求非常苛刻，甚至在有些情况下缺乏科学的依据，严重影响中国对欧盟的产品出口。2007 年 6 月 1 日，欧盟 REACH 法规正式生效，成为中国加入 WTO 后最大的贸易壁垒，涉及欧盟市场上约 3 万种化工产品，影响中欧之间 90% 以上的贸易额；2007 年 8 月 EUP 指令正式生效，成为继 WEEE 和 ROHS 之后的又一大环境壁垒，对中国家电行业造成 500 亿元人民币左右的影响；2008 年 12 月，欧盟通过了新的玩具安全指令，由于中国制造的玩具占据了欧盟大部分市场，对其监管成为重中之重；2009 年 1 月，欧盟非食品类消费品快速预警系统（RAPEX）针对不安全产品共发布通报 159 次，其中中国产品共被通报 88 次，占被通报产品总数的 55.3%；2015 年，儿童产品设备成为涉及最多的产品之一，其中近 80% 以上是被欧盟发出消费者警告，其主要原因是产品不符合其相关技术及安全标准。目前，欧盟颁布的一系列产品生态标识标准、打火机 CR 标准、电子电气环保指令、REACH 规则等，已经成为中欧贸易摩擦的主要根源。

3. 知识产权保护摩擦增多

随着中欧双边贸易增长以及贸易产品结构的升级，中欧之间在知识产权领域的争端日益增多。2002 年，中国出口到欧盟的 DVD 由于涉嫌知识产权侵权而被英国和德国海关扣押；同年，欧洲彩电生产商汤姆逊公司指控彩电涉及专利侵权；2004 年，中国生产的 1 万只茶杯被汉堡海关依据欧盟新海关知识产权保护法销毁，这也是欧盟新海关知识产权保护法生效后的第一起知识产权案，产生了极强的示范效应；2007 年，欧盟贸易委员曼德尔森指责中国知识产权保护不力，70% 的欧洲企业遭遇侵权，因盗版问题导致 1/5 的利润损失。目前来看，中欧之间在知识产权领域的摩擦还没有中美之间知识产权纠纷激烈，但是，欧盟在知识产权保护方面已经在逐渐地向美国看齐，并逐渐加大了对中国在知识产权领域的施压力度，由此导致中欧之间知识产权保护领域的贸易摩擦存在加剧的风险。

周世俭教授把中欧经贸关系特点描述为“小摩擦，大前景”，由于中欧双方各自都存在一些不和谐因素，因而对中欧贸易关系产生了一定的影响，双边贸易关系中依然存在亟待解决的问题和障碍，因此，中欧贸易摩擦会在很长的一段时期内持续存在，甚至在某一时段或某一领域逐步升级乃至激化。但是从长远来看，中欧贸易关系的发展仍然是积极的和良好的，世界上最大的发展中国家与世界上最大的区域经济集团之间的经贸关系有着广阔的发展前景。

三、中日贸易摩擦分析

（一）中日贸易摩擦的主要特点

随着中国与日本之间经贸往来的增强，中日贸易摩擦在数量上不断上升，而且在贸易领域也有扩大趋势。目前，中日贸易摩擦以技术性贸易壁垒引发的居多，而贸易摩擦领域主要集中在农产品、纺织品、化工产品和金属制品等行业。

1. 贸易救济引发的摩擦较少

日本较少采用反倾销等贸易救济措施，自 1995 年 WTO 成立到 2005 年，日本是同期全球使用反倾销手段最少的国家之一，仅在 2001 年针对韩国和中国台湾地区发起两起反倾销调查，因此，由贸易救济措施引发的中日贸易摩擦就比较少。[138]日本之所以在运用反倾销等贸易救济措施时十分低调，主要原因在于自 20 世纪 70 年代以来，日本产品的国际竞争力日益强大，不需要反倾销的保护，而且日本进口以资源型产品和与国内互补的劳动密集型产品为主，这些产品对日本国内产业替代不强，几乎没有任何冲突，因此，即使遇到贸易争端日本也倾向于与外国出口企业协商，而较少运用贸易救济措施。

2. 技术性贸易壁垒是引起贸易摩擦的主要方式

日本对于农产品等不具有比较优势的产业，更多地采用技术性贸易壁垒实施保护，尤其是对农产品的技术标准非常苛刻，例如 2006 年 5 月 29 日实施的《食品中残留农药等的肯定列表制度》可以说是世界上最苛刻的农产品农药残留制度，它意味着出口日本的农产品几乎不允许含有任何农药残留。[139]2009 年和 2010 年，引起日本对中国贸易摩擦的事件仅涉及技术性贸易壁垒和绿色贸易壁垒两种形式，两年分别为46起和85起，增加幅度为85%。

3. 中日贸易摩擦主要集中在农产品上

中日之间农产品贸易摩擦占中日贸易摩擦比重2/3以上，在中国"入世"之前，日本对中国出口农产品主要运用保障措施调查，如1995年日本政府针对中国的生姜、大蒜发起保障措施调查，最终双方协商由中国实行出口配额、日本实行进口商申报得以解决；2001年日本政府以进口激增对国内造成损害为由，对来自中国的大蒜、鲜香菇启动临时保障措施。中国加入WTO后，中日农产品贸易摩擦逐渐由技术性贸易壁垒所引起，甚至出现了2008年"毒饺子事件"这种涉及产品质量问题的贸易摩擦。2010年日本对中国贸易摩擦事件中，有60%针对动植物产品，32%针对食品，两者合计占比92%。

（二）中日贸易摩擦与中欧美贸易摩擦比较

美国、日本和欧盟是中国的主要贸易伙伴，伴随着贸易规模的扩大双边的贸易摩擦也不断增多，对我国发起贸易摩擦的发达国家也主要集中在美日欧三个国家和地区。但是，相对于欧美国家的贸易摩擦，中日贸易摩擦不论是规模还是影响都相对较小。

1. 贸易摩擦的手段不同

美国和欧盟对中国发起贸易摩擦的手段日趋多样化，其主要方式包括反倾销等传统贸易救济措施，也包括技术性壁垒、知识产权保护等新型手段，而日本针对中国的贸易摩擦主要是以技术性贸易壁垒为主，很少运用反倾销等传统贸易救济措施。例如，日本至今只对中国的硅锰合金和电解二氧化锰发起过两次反倾销调查；在中国"入世"之前的1995年和2001年对中国出口农产品发起过保障措施调查，并于2001年实施过紧急保障措施，但是在中国"入世"之后日本极少使用保障措施。相比而言，反倾销等贸易救济依然是美国和欧盟对中国发起贸易摩擦的主要手段。

2. 贸易摩擦的影响相对较小

尽管技术性贸易壁垒是日本对华贸易摩擦的主要方式，但是与欧盟相比较其造成的损害相对要小得多。因为日本对中国的技术性贸易壁垒主要集中在农产品和食品，相比之下欧盟的技术性贸易壁垒几乎涉及中国出口的所有行业，是我国企业出口受限制最多的地区，大约40%的中国出口企业受其影响。美国的技术性贸易壁垒主要集中在轻工和机电领域，由于这两种行业是中国对外出口的主体，因此对中国的影响也相对较大。

3. 贸易摩擦的阶段与层面不同

由于中美两国在意识形态、政治制度等方面的差异，以及美国的霸权主义和中国的日渐崛起，美国对中国的贸易摩擦主要体现在制度层面，其领域遍及商品贸易以及与之相关的汇率问题、知识产权问题、社会问题，并已经开始向宏观经济政策的制度层面渗透；[64]对于欧盟而言，中欧贸易摩擦的政治化特征并不明显，由于欧盟科学技术水平较高，对产品生产技术和环境保护要求较高，因此，当前中欧贸易摩擦主要体现为技术性贸易摩擦；中日贸易摩擦则来自日本盲目的区域大国主义以及中国世界工厂的地位打破东亚地区原来以日本为首的雁型分工格局，于是日本为保护国内弱势产业便以技术性贸易壁垒的形式限制中国产业的竞争力，中日之间的贸易摩擦也就主要集中在农产品的产业微观层面，主要体现为一种限制性的贸易摩擦。

第三节　中国与主要发展中国家的贸易摩擦分析

本章前面的分析指出，由于中国和其他发展中国家在技术发展水平上基本处于大体相同的阶段，因此，受技术性贸易措施的影响很小，中国与印度、土耳其等发展中国家的贸易摩擦以反倾销等价格型的贸易摩擦为主。针对这一特征，本节仅从以反倾销为主体的贸易救济角度，选取印度、墨西哥、阿根廷和土耳其四个国家作为发展中国家和地区的代表，分析其与中国贸易摩擦的历史过程与发展趋势。

一、中印贸易摩擦分析

（一）中印贸易摩擦整体概况

1994～2010年，印度针对中国出口商品启动反倾销调查147起、反补贴1

起，涉及中国的保障措施调查和特别保障措施调查分别为22起和7起。近年来，印度已经超过美国和欧盟，成为WTO成员中发起反倾销调查最多的国家。据WTO相关统计，1995~2010年，印度共发起反倾销立案调查637起，占同期WTO成员反倾销立案调查总数的16.5%。进入21世纪之后，印度在许多年份当中已经超过了美国和欧盟，成为对中国出口产品发起反倾销调查最多的国家。在印度启动的637起反倾销调查中，针对中国出口产品的142起，占印度全部反倾销立案数的22.3%，在印度发起调查的所有国家中居第一位。印度对中国发起贸易救济数量的迅速增加的最直接原因在于中国对印度出口规模扩大，对印度本国产品造成较大的冲击。目前，机电、化工、纺织、钢铁和轻工产品是中国对印度出口数量最多的五大类商品，这些商品同时也都成为印度启动反倾销调查的重点对象。例如，据海关统计，2010年中国对印度机电产品出口累计达到194.4亿美元，占中国对印度出口总额的47.5%；同时，印度针对中国出口的机电产品反倾销调查也呈现上升趋势。

（二）反倾销是贸易摩擦的主要手段

1. 反倾销立案增速较快

1994~2010年，印度对中国共发起反倾销调查147起，年均约9起，而同期美国和欧盟对中国发起反倾销调查年均分别约7起和6起，这充分表明，虽然印度相对于美国、欧盟等发达国家和地区而言，对中国发起反倾销调查的起步较晚，但是印度对中国出口商品发起反倾销调查的增长速度已经毫不逊色于美国和欧盟。从1994年到2001年中国加入世界贸易组织之前，印度对中国的反倾销调查就呈现出明显增长趋势，2001年对中国反倾销立案调查达到历史最高的15起。尽管自2002年开始印度对中国发起反倾销调查的数量有所减少，但是，受2008年全球金融危机影响，印度实体经济出现一定程度衰退，加上长期以来所奉行的贸易保护主义政策，印度对国内重点产业和市场的保护力度开始加大，对中国的反倾销立案调查数量也开始再度回升，并于2008年再度达到2001年的最高水平15起，随后的2009年和2010年也一直处于高位。

2. 反倾销肯定性裁决高于美国和欧盟

截至2010年底，在印度对中国发起的147起反倾销立案调查中，已经有133起作出了裁决，其中有18起最终未采取反倾销措施，占终裁案件总数的13.5%，同期美国和欧盟该比例分别为24.7%和25.2%；另有115起裁定采取最终反倾销措施，占比86.5%，高于美国的75.3%和欧盟的74.8%。上述对比数据表明，印度对中国的发起的反倾销一旦被立案调查，就有极大的可能被最终实施反倾销措施。

（三）遭遇贸易摩擦的产业集中

1994~2010年印度对中国启动的147起反倾销立案调查中，涉及化工产品的案件71起，位居所有遭遇反倾销立案调查行业的首位，占全部反倾销立案调查总数的48.3%；其次是医药行业16起，占比10.9%；机械以11起居第三位，占比7.5%。如果以中国加入世界贸易组织为界限划分成1994~2001年和2002~2010年两个阶段进行对比可以发现，在第二个阶段中印度对中国反倾销立案涉及的行业从10个增加到13个。最近几年，中国化工、医药产品在印度对中国反倾销立案调查中的比例有所下降，同时电子、纺织、汽车产品遭遇反倾销立案调查数量开始明显上升。这反倾销行业结构的变化充分反映出中国对印度出口结构的变化，20世纪90年代中期，中国对印度出口的商品主要包括豆类、化学原料、药品、化肥、机械设备、电子产品等；到20世纪90年代末期，中国对印度出口的商品开始由初级产品为主向以工业制成品为主转变，其中主要包括化工、机械、光学仪器、采矿冶金以及发电等机器设备等。中国对印度出口商品结构的变化也导致印度对中国反倾销行业的扩展，因此，尽管印度对中国反倾销行业集中的特点依然明显，但是反倾销的行业集中度已经开始出现下降趋势。参见图3-7。

（四）保障措施和特别保障措施明显增多

除了反倾销以外，2010年1月，印度对原产于中国的亚硝酸钠进行反补

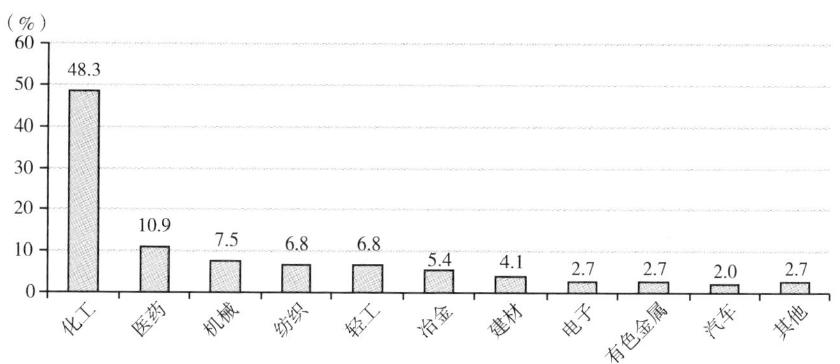

图 3－7　1994～2010 年印度对中国反倾销涉案行业分布

贴调查，这是印度对中国的第一起反补贴调查，也是印度贸易救济调查历史上的首起反补贴调查。在首次反补贴调查之后，印度对中国的反补贴调查并没有明显的升温趋势。此外，自 1997 年印度开始启动涉及中国的保障措施调查以来，截至 2010 年启动了保障措施 22 起，其中，2004 年之前 10 起，2005～2007年没有发起保障措施，2008 年 2 起，2009 年激增到 9 起。在这 22 起保障措施调查中，化工行业涉案最多 15 起，占比 68. 2%。除了保障措施调查外，印度还在 2002～2010 年对中国发起了 7 起特别保障措施调查，涉及化工行业 2 起，其余 5 起分别涉及纺织、汽车、轻工、医药和有色金属行业。由此可见，相对于反补贴而言，印度对中国发起的保障措施和特别保障措施调查呈现出明显增多的趋势。

（五）中国企业市场经济地位获得困难

近年来，针对印度的反倾销调查，中国企业应诉的积极性在逐渐提高，但是印度目前仍将中国视为“非市场经济国家”，因此，获得市场经济地位待遇就成为中国涉案应诉过程中的核心问题。到目前为止，在印度对中国发起的反倾销立案调查中，中国企业获得市场经济地位寥寥无几。据中国贸易救济信息网统计，在 133 起印度做出反倾销终裁的案件中，仅在 14 起案件当中，有中国企业曾经获得了市场经济地位，由此可见，中国企业在应诉过程中想要获得市场经济地位仍然非常困难。

二、中国与墨西哥和阿根廷的贸易摩擦分析

（一）中墨贸易摩擦

墨西哥是中国在拉丁美洲地区最大的出口市场，2010 年两国双边贸易总额为 246.9 亿美元，增长幅度高达 52.6%。其中，中国对墨西哥出口 178.7 亿美元，中国贸易顺差 110.5 亿美元。同时，墨西哥也是拉丁美洲国家中对中国出口商品启动贸易救济调查较早，并且实施反倾销措施较为严厉的国家。截至 2010 年底，墨西哥对中国贸易救济案件总数在所有对中国启动贸易救济调查的国家和地区中位列第七。

1. 反倾销是主要的贸易摩擦形式

1990 ~ 2010 年，墨西哥对中国共启动贸易救济措施 68 起，其中，反倾销以 66 起成为最主要的调查形式，占贸易救济调查总数的 97.1%。另外，2002 年和 2010 年，墨西哥分别对进口的胶合板板材和螺旋焊接钢管启动保障措施调查，均涉及对中国商品的调查。从反倾销的趋势看，墨西哥对中国反倾销立案数量在 2000 年之前波动较大，例如，1993 年墨西哥对中国反倾销调查高达 22 起，创历史最高水平。中国加入世界贸易组织之后，墨西哥对中国产品反倾销调查的发展态势较为平稳，每年不超过 5 起。中国“入世”之前，墨西哥对中国出口商品采用的大量反倾销措施涉及 21 个商品大类，但是并没有按照 WTO 规定对每种商品进行审查。中国“入世”后，墨西哥承诺将逐步取消上述反倾销措施，到 2007 年 1 月 1 日为 6 年的过渡期。在过渡期内，墨西哥取消了针对四大类商品的反倾销措施。2008 年 6 月 1 日，中国和墨西哥签署《中华人民共和国政府和墨西哥合众国政府关于贸易救济措施的协议》，协议规定墨西哥终止上述自中国进口商品的所有反倾销措施。2008 年 10 月 14 日，墨西哥经济部颁布《关于对进口原产于中华人民共和国的若干商品实施过渡性措施的意见》，宣布在过渡期内（2008 年 10 月 15 日 ~ 2011 年 12 月 11 日）对 204 个税号的敏感商品继续征收高额关税，但是关税税率将逐年削减。

2. 反倾销措施时间长、税率高

在墨西哥对中国发起的66起反倾销调查案件中，目前已经作出最终裁决的61起，其余5起仍然处于审理阶段。其中，墨西哥对47起案件采取了最终的反倾销措施，占作出终裁反倾销案件总数的77.0%。目前，有13起案件尚在实施反倾销措施中，其余34起案件的反倾销措施已经终止。在中国“入世”之前，墨西哥对中国实施的最终反倾销税率较高，例如，1993年12月30日，墨西哥经济部决定对原产于中国的鞋和鞋靴配件最高征收1105%的反倾销税，成为全球反倾销措施实施以来征收税率最高的案件。中国“入世”之后，墨西哥这种征收高反倾销税率的做法得到了一定的改善，在2005～2010年对中国发起的16起反倾销调查案件中，在已经做出终裁的12起案件中有6起以终止调查结束，其余案件中征收反倾销税率的额度也大大减低。

3. 轻工产品是主要调查对象

在墨西哥对中国启动的66起反倾销调查案件中，共有轻工、机械、化工、金属制品等十个行业涉案。其中，涉及轻工产品的反倾销案件最多，总计16起，占墨西哥对中国反倾销案件总数的24.2%；其次是机械产品，总计12起，占比18.2%；化工产品以9起位列第三位，占比13.6%；涉及上述三个行业的案件在墨西哥对中国反倾销案件总数的比例高达56%。参见图3-8。中国是墨西哥轻工产品的第二大进口国，仅次于美国。中国对墨西哥出口的家具、玩具、箱包等轻工产品占墨西哥进口总量的35%，这也是中国轻工产品频繁遭遇墨西哥反倾销调查的主要原因。但是，从反倾销调查的

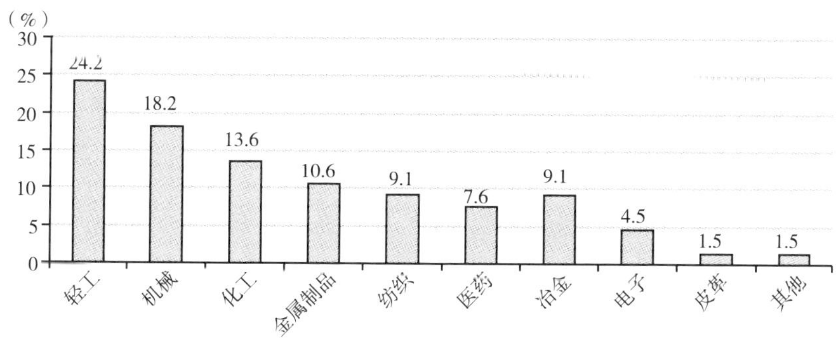

图3-8　1990～2010年墨西哥对中国反倾销涉案行业分布

发起时间来看，墨西哥对中国轻工产品的反倾销调查在年度上比较集中，在16起案件中，1992年和1993年共启动了9起，占对轻工产品反倾销案件总数的一半以上；“入世”后墨西哥对中国轻工产品共发起5起反倾销调查，主要集中在2005~2007年。

（二）中阿贸易摩擦

中国是阿根廷第二大出口市场和第二大进口来源国，2010年双边贸易总额129.2亿美元，比上年增长65.6%；其中，中国出口61.2亿美元，从阿根廷进口68亿美元。随着双边贸易规模的扩大，两国之间的贸易摩擦逐渐加剧。2008年金融危机之后，阿根廷采取了多项贸易保护措施，其中涉及大量的中国出口产品，对两国双边贸易发展产生了很大的负面影响。自20世纪90年代初以来，随着中国对阿根廷出口贸易规模的迅速扩大和阿根廷本土产业的衰退，来自中国的进口产品成为阿根廷国内贸易保护主义关注的主要目标，阿根廷也成为拉丁美洲地区对中国发起贸易救济调查最多的国家。阿根廷在1991~2010年对中国发起贸易救济调查90起，其中，反倾销以83起成为主要的贸易救济调查形式，占贸易救济调查总数的92.2%；涉及中国的保障措施案件7起，占比7.8%。阿根廷对中国出口商品的贸易救济不仅直接影响了两国的正常贸易往来，而且也对其他拉丁美洲国家产生了很大的不良示范效应。

1. 反倾销调查数量多、波动幅度大

1991~2010年，阿根廷以83起反倾销调查位列对中国启动反倾销调查国家的第四位，占同期中国遭遇反倾销调查案件总数的8.4%。1991~1996年，阿根廷对中国反倾销案件呈现出明显的上升趋势，在同期国外对中国的反倾销案件中所占比例也逐年提高。其中，1995年和1996年该比例达到21.7%和16.7%，是当年国外对中国发起反倾销案件最多的国家。在随后的几年中，阿根廷对中国反倾销调查案件开始减少，1998年没有针对中国产品的反倾销案件发生，到2001年增至8起，在中国当年遭遇反倾销调查案件中的比例为13.6%。从2002年开始，阿根廷对中国反倾销调查呈现出大幅上升趋势。2009年阿根廷对中国发起反倾销调查19起，再一次成为对中国发起反倾销调

查最多的国家；2010 年该数字又开始大幅下降，仅仅为 3 起。在全部 83 起反倾销调查中，已经由 68 起作出了最终裁决，其中的 58 起案件被实施了最终反倾销措施，可见阿根廷对中国反倾销案件的肯定性裁决所占比例还是比较高的。

2. 反倾销涉案产品增多、轻工产品成为调查重点

1995 年之前，在阿根廷对中国反倾销调查案件中，中国只有轻工、纺织、机械和汽车四个行业涉案；1995 年以后，反倾销调查的涉案范围迅速增加到 11 个行业。1991 ~2010 年，中国轻工产品遭遇阿根廷反倾销调查数量最多，总计 23 起，占阿根廷对中国反倾销总数的 27.7%；其次数量较多的是机械产品 20 起，占比 24.1%；金属制品以 14 起位列第三，占比 16.9%。目前，中国对阿根廷出口规模最大的行业主要是几大类轻工产品，例如，阿根廷在 2007 ~2010 年间自中国进口的玩具、家具及轻工杂项制品累计金额近 13.03 亿美元，占阿根廷该类产品全部进口总额的 41.7%；自中国进口的皮革制品和箱包累计金额为 3.36 亿美元，占比 62.4%；自中国进口的鞋靴、伞等产品累计进口金额为 4.57 亿美元，占比 32.6%，在巴西之后居第二位。参见图 3 –9。我国轻工产品对阿根廷的大量出口以及在阿根廷国内市场占有绝对的份额，这势必会导致与其国内相关产业发生激烈的竞争，因此该类商品也就成为阿根廷对中国反倾销的主要目标。

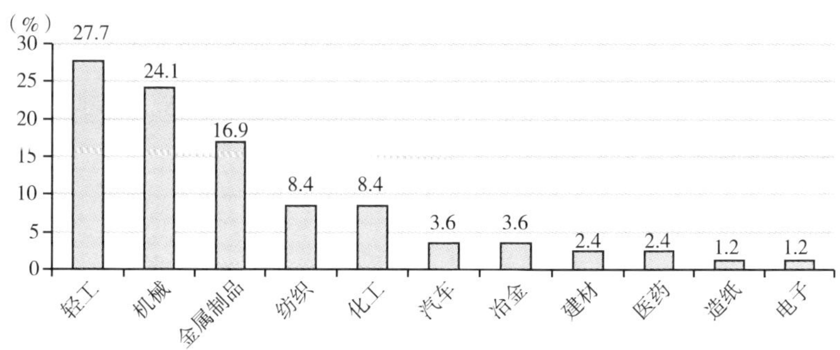

图 3 –9　1991 ~2010 年阿根廷对中国反倾销行业分布

此外，最近几年中阿根廷对中国机械产品提起反倾销调查较为频繁，在 1991 ~2006 年的 16 年间，阿根廷对中国机械和电子类产品发起的反倾销调查仅仅有10起；但在2007～2010年的四年间，阿根廷仅对中国出口的机械产品反倾销调查就达到了10起，位列阿根廷对中国反倾销行业之首。阿根廷对中国机电产品反倾销快速增加的直接原因就在于中国机电产品对阿根廷出口在最近几年中快速增长。机电产品是2006～2010年中国对阿根廷出口第一大类产品，累计出口额达到135.8亿美元，占中国对阿根廷出口总额的50%以上。

三、中国与土耳其的贸易摩擦分析

中国是土耳其第三大进口来源国，2010年双边贸易总额为151亿美元，同比增长49.6%。其中，中国对土耳其出口119.4亿美元，自土耳其进口31.9亿美元。随着两国贸易交流的扩大，双边贸易摩擦也在不断加剧。

（一）反倾销调查较多

土耳其是对中国发起反倾销调查较多的发展中国家之一，从1989年至今，共对中国发起反倾销调查69起，占对中国贸易救济案件总数的75.8%。

1. 反倾销立案呈上升趋势

在中国“入世”之前，土耳其对中国反倾销立案相对较为平稳，平均每年立案在1起左右，波动幅度不大。2001～2004年，土耳其对中国反倾销频率加快，年均立案增至8起。其中2003年和2004年年均立案9起，达到历史最高水平。2005～2010年，土耳其对中国共启动反倾销调查24起，年均立案4起，开始处于相对平稳状态。

2. 反倾销肯定性裁决较高

在土耳其对中国发起的69起反倾销调查中，有67起案件做出了最终裁决，其中61起案件采取了最终反倾销措施，采取最终反倾销措施的比例高达91%。目前，土耳其尚未承认中国市场经济地位，在对中国发起的反倾销调查中，中国应诉企业从未获得过市场经济待遇，土耳其的调查机关也未给予过中国应诉企业单独税率。此外，土耳其国内有关贸易救济的法律透明度不高，对其国内产业的保护力度又相对较大，这些原因加在一起导致中国企业参与土耳其反倾销的应诉通常面临着很大的困难。

3. 反倾销涉案金额逐年增加

在中国“入世”之前，土耳其主要是对中国出口的低附加值产品发起反倾销调查，而且每起反倾销调查的涉案金额都相对较小，通常都不超过100万美元。但是从最近几年的发展趋势来看，土耳其对中国启动的反倾销调查中，涉案金额在千万美元的案件时有发生，涉案总体金额也出现不断增加的趋势。在2005年对中国启动四起反倾销调查中，四起案件的涉案总金额超过了1亿美元；2006年又发起了12起贸易救济调查，涉案总金额高达5.3亿美元。从每起单个案件的涉案金额来看，2003年对中国铅笔和拉链反倾销涉案金额分别超过了1000万美元和1400万美元，2004年对中国彩电、编织绒纤维和绳绒线纤维反倾销涉案金额高达3500万美元和7700万美元，2008年对人造及合成短纤维纱线和缝纫线反倾销涉案金额1.17亿美元，2009年对窗帘布反倾销案的涉案金额高达1.4亿美元。

4. 反倾销涉案行业较为集中

土耳其对中国反倾销主要涉及纺织、轻工、机械、金属制品等10个行业。其中涉及纺织品案件17起，占土耳其对中国反倾销案件总数的24.6%；其次是轻工产品16起，占比23.2%；化工产品9起列第三位，占比13.0%。涉及上述三个行业的反倾销案件占对中国反倾销总数的60.9%。机电、纺织、轻工等产品是我国对土耳其的主要出口产品，并且在土耳其该类产品的进口中占有较大的比例，尤其是中国轻工产品占据了土耳其进口市场超过一半的市场份额，这也是成为土耳其对中国反倾销案件主要集中在这类产品的主要原因。

（二）贸易摩擦方式呈现多样化

除了反倾销之外，土耳其开始频繁地对中国产品采用进口限制、技术性贸易壁垒等手段，尤其是涉及中国产品的保障措施和特别保障措施案件明显增加。从2001年土耳其对中国眼镜架和眼镜零件首次进行保障措施调查，到2010年底，土耳其启动了涉及中国产品的保障措施调查15起，仅次于印度居于第二位。2003年，自土耳其首次对中国启动特别保障措施调查以来，总计对中国产品发起特别保障措施调查7起，仅居美国和欧盟之后，与印度并列第三位。与反倾销调查的重点相似，轻工产品是土耳其涉及中国保障措施和特别保障措施主要打击的目标，在15起保障措施调查案件中，有9起涉及轻工行业；在7起特别保障措施调查案件中，涉及轻工和建材产品案件各2起，各占28.6%。

本章小结

中国对外贸易区域结构的多元化与集中化特征导致中国遭遇贸易摩擦的国别和地区结构也呈现出多元化与集中化的特征。尽管全球对中国发起贸易摩擦的国家和地区很多，但是中国对外贸易摩擦主要还是集中在美国、欧盟、印度、阿根廷、土耳其、墨西哥等少数国家和地区，近年来已经逐渐从发达国家和地区向发展中国家和地区扩散，尤其是以印度为代表的发展中国和地区对中国发起贸易摩擦的频率迅速提高。目前，就中国遭遇贸易摩擦的来源地看，不同类型的国家对中国发起贸易摩擦的方式、领域及影响程度呈现出不同的特点。美国、欧盟等发达国家和地区对中国的贸易摩擦已经由以反倾销为主向以隐蔽性更高、影响更大的技术性贸易壁垒、知识产权保护等方式转变，贸易摩擦的领域也由产品、企业等微观层面向经济体制、贸易政策等宏观层面转变，涉及产品也向技术密集型等高端产品蔓延，其影响的程度更深，范围也更广；而发展中国家对中国的贸易摩擦还以价格限制的反倾销为主，例如，印度已经连续成为对中国发起反倾销最多的国家，贸易摩擦的对象也以和中国竞争比较激烈的劳动密集型产品为主，尽管发展中国对中国贸易摩擦的频率较高，最终制裁的力度也较大，但是其整体影响仍旧有限。

第四章
中国对外贸易摩擦行业和产品结构研究

第一节 中国对外贸易摩擦行业和产品结构概述

一、贸易摩擦产业集中现象明显

（一）比较优势产业成为贸易救济调查的多发区

1. 化工、轻工和纺织品成为反倾销调查的重点

1979～2010年，在全球对中国启动的1081起反倾销调查中，涉及化工产品的案件最多，总计达到252起，占中国遭遇反倾销调查总数的23.3%；位列第二的是轻工产品219起，占比20.3%；机械产品以122起位列第三，占比11.3%。从以上数据可以看出，化工、轻工和机械三个行业遭遇的反倾销调查约占同期中国遭遇反倾销调查总数的54.9%。参见图4－1。

2. 冶金、化工、机械和造纸产品成为反补贴调查重点

2004～2010年，中国遭遇反补贴调查43起，其中，冶金产品遭遇的反补贴调查数量最多，总计14起，占反补贴总数的32.6%；造纸、化工和机械均

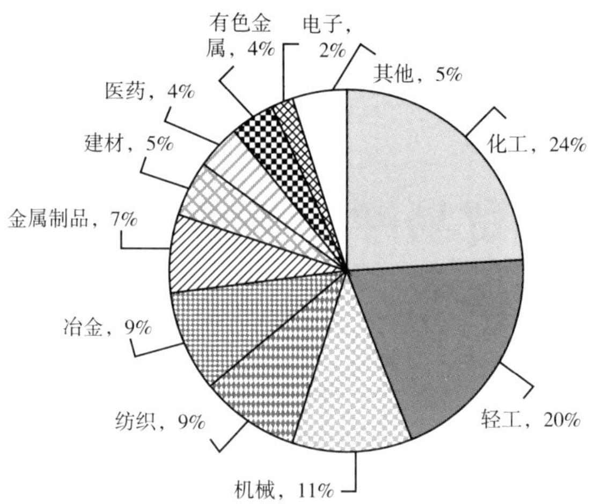

图 4-1　反倾销涉案主要行业分布

以 5 起紧随其后，各占比 11.6%；有色金属和金属制品均为 4 起位列第三，各占比 9.3%。参见图 4-2。在 14 起对中国冶金产品的反补贴调查中，由美国启动的 9 起，占全球对中国冶金产品反补贴案件总数的 64.3%，这不仅对中国钢铁产品对美国出口形成了较大的压力，而且起到了消极的示范作用，引起其他进口国对中国出口的钢铁采取类似的措施。

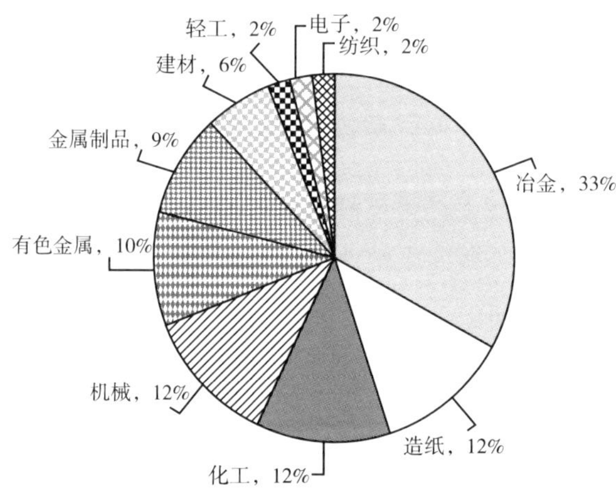

图 4-2　反补贴涉案主要行业分布

3. 轻工和化工产品是保障措施的主要对象

在1987～2010年全球涉及中国的209起保障措施调查案件中，涉及轻工产品的案件59起，占中国遭遇保障措施案件总数的28.2%；其次是化工产品39起，占比18.7%；建材工业位列第三，共24起，占比11.5%。涉及上述三个行业的保障措施合计在总数中的比例达到一半以上。详见图4－3。

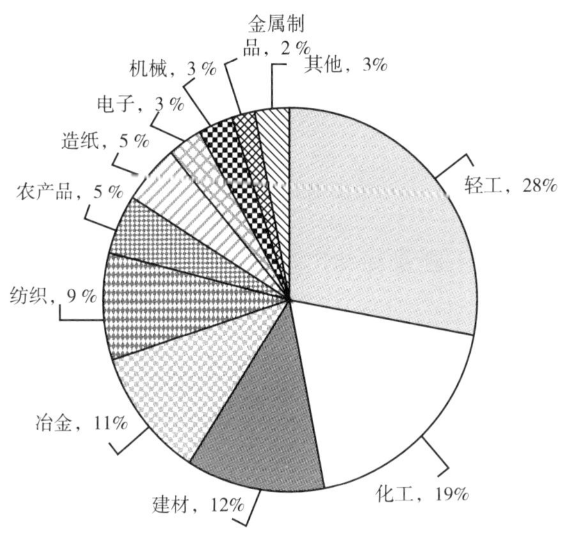

图4－3　保障措施涉案主要行业分布

4. 特别保障措施调查主要针对纺织品

在2002～2010年中国遭遇的85起特别保障措施案件中，针对纺织品的案件57起，在特别保障措施案件总数中的比例为67.1%；其余涉案的轻工、化工等产品的比例均不足10%。参见图4－4。由此可见，在纺织品后配额时代，特别保障措施成为纺织品贸易摩擦的主要手段。

（二）知识产权保护涉及的中国产业逐渐升级

以美国337调查为例，美国在1998年之前的337调查主要涉及中国的轻工产品；1998年之后，对电子、轻工、机械、化工、汽车、冶金、建材、医药的行业的调查逐渐增多，而且结构在不断升级，计算机软件、半导体集成电路等成为美国涉华337调查的主要目标。这种结构的变化表明，随着中国

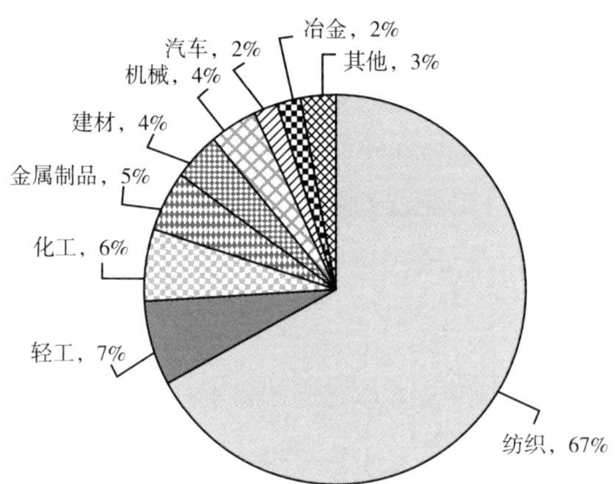

图 4-4 特保措施涉案主要行业分布

制造业生产技术水平的不断提高和出口产品技术含量的不断增加，国外限制中国产品进入其国内市场的对象也在逐步向高端产品转移。1986~2010 年，在美国发起的 132 起涉华 337 调查中，涉及电子产品的案件最多，高达 63 起，占同期美国涉华 337 调查总数的 47.7%；其次为轻工产品 35 起，占比 26.5%；机械产品 15 起位居第三位，占比 11.4%。详见表 4-1。

表 4-1 美国 337 调查涉及中国行业分布 单位：%

行业	电子	轻工	机械	化学	汽车	医药	冶金	建材	其他
比例	47	27	11	7	2	2	2	1	1

（三）同类产品常在多国和地区多次遭遇贸易摩擦

在中国遭遇贸易摩擦的产品中，有许多是被多个国家和地区或一个国家和地区进行多次反倾销、反补贴等调查。例如，1979~2010 年，中国出口的鞋类产品共遭遇 18 个国家和地区发起的 37 起贸易救济调查，其中，加拿大对中国鞋类产品启动贸易救济调查 6 起，欧盟和委内瑞拉都启动过 5 起。委内瑞拉对中国鞋类产品启动反倾销调查的同时，还启动了保障措施调查。再以中国出口的轮胎为例，1979~2010 年，中国出口的各种轮胎共遭遇 13 个国家启动的反倾销调查 25 起。同时，在同一国家或地区对同种商品提起贸易救济等贸易摩擦的申诉方通常是同一家或几家企业，或者是行业协会。例如，欧盟对中国鞋类产品提起贸易救济调查的申诉方均是欧洲鞋业联合会，在美国对中国管材的发起的6起反补贴调查中，有3起的申诉方都是美国最大的钢铁垄断公司——美国钢铁公司。

二、贸易摩擦行业和产品结构的发展趋势

（一）贸易摩擦向高端领域蔓延

长期以来，中国频繁遭遇贸易救济调查最直接原因就是出口产品的低成本、低价位、低技术含量的特点，因而提高产品的附加值以及科技含量也就成为应对贸易摩擦的主要方式。但是，金融危机过后，中国遭遇的贸易贸易救济调查开始从纺织、轻工等低附加值劳动密集型产品迅速向机电、医疗、微电子、食品等高附加值的高端产品蔓延。2010年6月30日，欧盟对中国数据卡同时发起反倾销及保障措施调查；同年9月16日，欧盟委员会再次作出决定，对中国数据卡产品提起反补贴调查，涉案金额约41亿美元。这不仅是中国有史以来所遇到的涉案金额最大的贸易救济调查，也是中国数据卡这类的高科技电子产品首次遭遇的贸易摩擦。新一轮的贸易摩擦向高端产品蔓延的原因在于，在经历了国际金融危机之后，一些发达国家提出要重新振兴本国的制造业，甚至还明确表示要通过扩大出口来缓解对外贸易赤字问题，这意味着中国出口的中高端产品将直接面对发达国家的激烈竞争，成为发达国家贸易保护主义指向的新焦点。当然，中国遭遇的贸易摩擦由低端产品上升到中高端高端产品也是中国在经济发展和对外贸易中必然要经历的一个过程，这种发展趋势从另外一个侧面说明，中国的出口企业企业通过转变发展方式和提升科学技术水平，使得自己生产的高科技产品具备了越来越大国际竞争力，已经能够和发达国家展开竞争。

（二）新兴产业贸易摩擦风险加大

金融危机发生以后，全球主要的经济体都在积极努力地寻找新的经济增长点，在这一过程中新兴产业的发展引起主要经济体的密切关注。美国、欧

盟等发达经济体依靠自身在资金和技术上的强大优势，在战略上通过控制新兴产业的关键领域以达到占领未来产业发展的制高点的目的。例如，美国将清洁能源作为重点发展的对象，甚至将其上升到关乎国民就业和全球领导能力的高度。在清洁能源领域内，美国希望通过与中国合作推销自己的清洁能源技术和设备，使中国在清洁能源产业的发展上成为美国的附庸，为其提供源源不断的资金和就业岗位。这就意味着，如果两国在该问题上无法达成一致意见，那么在该领域内发生贸易贸易摩擦的可能性就大大增加。2010 年 10 月，美国贸易代表办公室宣布对中国的清洁能源启动 301 调查；不久之后，美国经济政策研究所又用一系列数据来证明中国政府对清洁能源领域内的补贴导致了美国对中国贸易逆差激增，并宣称原本可以为美国提供大量高薪职业的清洁能源行业在全球化和对中国贸易逆差激增的背景下，受到了很严重的打击。2011 年，在美国国际贸易委员会发布的一份知识产权报告中，对中国知识产权侵权现状以及知识产权侵权和促进本土创新政策对美国经济的影响进行了详细的调查与分析，并将贸易摩擦的矛头直接指向风能、汽车、电信设备、民用飞机及其组件等中国新兴产业。同时，有专家指出，美国把贸易摩擦的矛头指向中国的清洁能源领域，其实是反映出美国企业和政府相关政策制定者的担忧，即中国曾经一度局限于鞋类和自行车等低端产品的出口，现在则已经开始向价值链上方快速攀升，这将对美国的高端制造业构成直接和潜在的威胁。

（三）服务外包领域可能引发贸易摩擦

中国服务外包业的起步较晚，在全球中的市场份额也较低，但是中国产业环境日益完善，尤其是在国家服务外包产业政策的大力支持下，服务外包业表现出强劲的增长势头。自 2006 年起，中国服务外包产业的迅速发展已经引起了国际市场的广泛关注。而且从整体上看，中国的服务外包业务已经开始从产业链的中低端逐步向金融后台、生物医药研发、技术研发与测试等高端业务领域拓展。中国服务外包企业在 2011 年的合同执行金额为 323.9 亿美元，增长率高达 63.6%。其中，承接国际（离岸）服务外包合同金额 326.2 亿美元，合同执行金额 238.3 亿美元，同比增速比 2010 年提高 30 个和 22 个百分点。从服务外包企业发展水平来看，全国2011年新增服务外包企业4200多家，具有国际竞争性的龙头企业成为服务外包领域中主要的受益群体。目前，中国是继印度之后全球第二大服务外包基地，在成本、从业人员和技术可得性以及商业指标上，中国均表现出强大的比较优势和竞争优势，对全球服务外包具有强大的吸引力。目前，一些发展中国家也已经开始将服务外包业作为未来经济的新增长点，导致其在承接服务外包过程中与中国的竞争逐步加剧，这也就意味着一些国家会通过贸易摩擦的方式限制中国在服务外包领域发展的强劲势头和竞争实力。

第二节　中国主要出口行业和产品贸易救济分析

由于反倾销、反补贴和保障措施等传统贸易救济仍然是中国遭遇出口贸易摩擦的主要方式，本节从贸易救济的角度分析化工、轻工、纺织、金属制品四大类行业出口贸易摩擦的特点与趋势。

一、化工行业和产品

（一）化工产品是中国遭遇贸易摩擦的重灾区

中国出口的化工产品在1979～2010年共遭遇贸易救济调查345起，占对中国遭遇贸易救济调查总数的24.3%。从中国化工产品遭遇贸易救济调查的年度立案情况来看，化工行业一直都是国外对中国实施贸易救济措施最为频繁的行业。中国在1979年遭到首起贸易救济调查措施，在随后的10年时间里，虽然化工产品的遭遇贸易救济调查的年均立案数量不足3起，但是在中国遭遇调查总数中的比例却相对较高，平均在40%以上，1981年最高时该比例为75%。1989年之后，化工产品遭遇的贸易救济调查案件数量开始出现上升趋势，年均立案数量在14起之上。但是，由于在这一阶段中，中国其他行业遭遇的贸易救济案件在不断增加，因此化工行业遭遇调查案件在全部调查案件中的比例开始下降，并在 23.5% 左右趋于稳定。尽管如此，大多数年份中化工产品遭遇贸易救济调查的数量依然位居所有行业首位。2008 年金融危机之后，中国化工产品遭遇的贸易救济在全部案件中的比重持续下降，到 2010 年平均占比 19%。

中国化工产品频繁遭遇贸易救济调查的原因在于：一方面，化工产业是中国传统的支柱产业，改革开放之后其整体规模迅速提升；另一方面，化工产业的产业链条比较长，上下游之间的关联范围又比较广，从而决定了化工产业具有连锁立案调查的特征。此外，中国化工产业的子行业发展参差不齐，对外贸易的结构也不平衡，这也成为中国化工产品频繁遭遇贸易摩擦的主要原因。

（二）反倾销是贸易摩擦的主要方式

1. 对化工产品的反倾销立案大幅度上升

1979 年以来，国外对中国出口的化工产品反倾销立案在数量规模上呈现出大幅度上升的趋势。按时间段来看，1990 年之前，化工产品遭遇反倾销立案调查相对较少，年均不足 3 起；1990 年到中国“入世”之前，化工产品遭遇反倾销调查年均立案数上升到 9 起；在中国“入世”之后，年均立案数大幅上升至 16 起。而且，在国外对中国化工产品的反倾销调查中，有许多涉案产品是被多个国家和地区或一个国家或地区进行过多次调查。例如，有 10 个国家和地区对中国柠檬酸及柠檬酸盐启动过 10 起反倾销调查；4 个国家对中国的碳酸钡启动 6 起反倾销调查；而且这种局面仍然在不断延续，在 2010 年中国化工产品遭遇的 10 起反倾销调查案件中，就有 4 个产品曾多次涉案。

2. 发展中国家成为化工产品反倾销的主要发起者

在对中国化工产品发起反倾销调查的国家和地区里，发展中国家的数量以及由其发起的调查案件数量都在逐年增多。1993 年之前，仅有澳大利亚（17 起）、欧盟（16 起）、美国（14 起）、墨西哥（15 起）、南非（3 起）、韩国（3 起）、土耳其（1 起）和巴西（1 起）8 个国家和地区对中国化工产品启动过反倾销调查，其中由发达国家发起的反倾销调查案件占全部反倾销案件总数的 78.3%，发展中国家仅为 21.7%。1994 年之后，对中国化工产品启动过反倾销调查的国家和地区增加到 21 个，在新增加的 13 个国家和地区中，加拿大和日本是发达国家，乌克兰是转型经济体，其余10个全部为发展中国家。由此可见，发展中国家已经成为对中国化工产品发起反倾销调查的主体。发展中国家成为对中国化工产品反倾销的主要发起者，其根本原因在于全球化工产业结构调整使得包括中国在内的发展中国家化工产业发展结构基本趋同，生产的化工产品具有很强的同质性，因此在国际贸易中的竞争也就较为激烈。而中国作为发达国家产业转移的首选目标，不论是在劳动力成本还是在宏观经济政策上，和其他发展中国家相比具有明显的竞争优势，于是对其他发展中国家化工产业的发展构成了巨大的竞争压力。同时，随着中国国内化工产业产能的日益扩张，化工产品的出口市场结构也从原来的发达国家向发展中国家扩大，这又进一步加剧了与发展中国家产品的直接竞争。

3. 印度成为对中国化工产品反倾销最多的国家

从1994年首次对中国启动反倾销调查以来，印度成为对中国化工产品发起反倾销调查最多的国家，总计87起，占中国化工产品遭遇反倾销调查总数的29.8%。参见图4－5。与此同时，在印度对中国发起的147起反倾销案件中，涉及化工产品的案件占比大约为60%。从中印贸易关系来看，两国之间的化工产品贸易频繁，化工产品是2010年印度对中国出口的第四大类产品，是印度自中国进口的第二大类产品，而且印度与中国化工产品贸易一直处于逆差状态，中国出口到印度的化工产品又是以传统的低端化学品为主，与印度本土生产的化学产品具有极大的同质性和竞争性，从而导致印度对中国化工产品的打击力度较大。而且，传统的低端化学品多数为资源密集型产品，产品加工程度和价格较低，大量出口不但极容易引发贸易摩擦，也不利于中

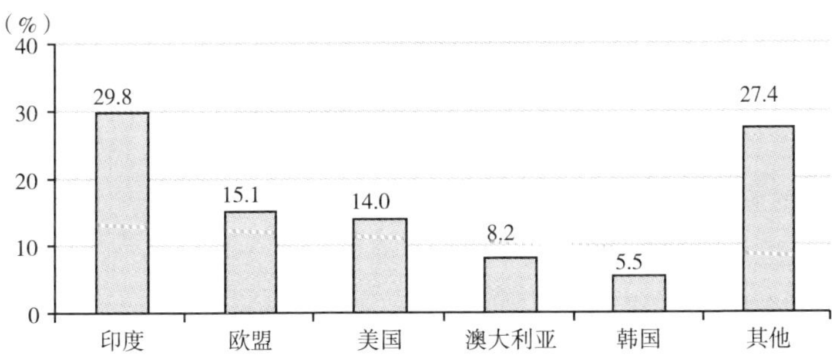

图4－5　中国化工产品遭遇反倾销来源比较

国产业结构升级，甚至会导致资源严重外流。

（三）其他贸易摩擦方式增多

1. 化工产品的保障措施、特保措施案件增多

自 1997 年底印度对中国启动涉及化工产品的保障措施调查以来，国外发起的涉及中国化工产品的保障措施 42 起，发起国家和地区 19 个，其中多数是发展中国家，而且印度同样是主要的发起国，在中国化工产品遭遇保障措施调查总数中的比例为 35.7%；同时，化工产品也是印度实施涉及中国保障措施的主要产品，在印度发起的 22 起涉及中国的保障措施调查中，化工产品的案件占 68.2%。此外，自 2002 年以来，国外针对中国化工产品的特别保障措施调查 6 起，发起国中，印度 3 起，美国、俄罗斯和土耳其各 1 起。

2. 反补贴调查不容忽视

中国化工产品在 2007 年首次遭遇国外反补贴调查，截至 2010 年底，国外对中国化工产品启动反补贴调查 5 起，占中国遭遇反补贴调查案件的 11.6%。其中，有 4 起反补贴调查都来自美国，占同期美国对中国反补贴案件的 15.4%；印度于 2009 年发起 1 起反补贴调查，这也是到目前为止印度对中国发起的唯一 1 起反补贴调查案。从化学产品遭遇反补贴调查的发展趋势看，美国对中国发起反补贴调查对其他国家产生了示范效应，例如，美国在 2007 年对中国的亚硝酸钠提起反补贴调查，并于 2008 年 8 月对涉案产品征收反补贴税；仅仅两个月过后，印度开始对进口自中国的亚硝酸钠提起反补贴调查申请，并于 2009 年正式启动了反补贴调查程序。尽管最终印度以停止调查结案，但是，反补贴的示范效应已经开始显现。目前，中国化工产品的出口市场除了美国和印度之外，还包括欧盟、澳大利亚以及南美洲等地区，并且与这些贸易伙伴的贸易摩擦频繁，因此，未来这些地区对中国化工产品的反补贴调查风险较大。

二、轻工行业和产品

本书中所指轻工行业是指主要提供生活消费品和制作手工工具的行业，

包括食品、造纸、皮革制造、家电等行业等，这也是中国的传统优势产业。截至2010年底，国外涉及轻工行业的贸易救济调查案件321起，占贸易救济案件总数的22.6%，居所有涉案行业第二位。其中，轻工行业遭遇反倾销调查240起，占贸易救济案件总数的74.8%；遭遇保障措施69起，占比为21.5%；遭遇反补贴和特别保障措施均为6起，分别占比1.9%。从遭遇贸易救济调查年度新立案情况看，每年涉及轻工行业的新立案数量呈上升的趋势，但是在全部案件中的比例却在不断下降。1979～1988年，中国轻工行业每年遭遇的贸易救济调查立案数不足2起，在全部案件中的平均比例为27.1%，1987年该比例达到历史最高的66.7%；1989年之后，轻工行业遭遇贸易救济案件数量迅速增加，截至2010年底，案件数累计达到302起，年均立案近14起；但是，涉及轻工行业的案件在全部案件中的比例却趋于下降，在2008年最低时该比例仅为9.3%。

（一）反倾销是主要手段

1. 反倾销立案数呈上升趋势

1979～1988年，中国轻工产品每年都遭遇国外反倾销调查，但是在数量上相对较少，共17起，年均立案数不足2起；1989年之后，中国轻工产品遭遇国外反倾销调查案件数量迅速增加，截至2010年底，案件数累计达到218起，平均每年立案在10起以上。

2. 欧盟和美国是反倾销的主要发起者

中国轻工产品遭遇的反倾销调查共来自27个国家和地区。其中，欧盟发起的反倾销调查案件最多，为36起，占轻工产品遭遇反倾销调查案件总数的15.0%；美国以28起位列第二，比例为11.7%；居第三位的是阿根廷，为24起，占比10.0%。此外，以色列和乌拉圭在2010年对中国轻工产品首次发起反倾销调查，其中，乌拉圭对中国热水器产品的反倾销调查也是乌拉圭对中国发起的首起贸易救济调查。

3. 发展中国家发起的反倾销调查增加显著

从1990年开始，发展中国家对中国的反倾销调查开始涉及轻工行业，截至2010年底，发展中国家对中国轻工产品发起反倾销调查累计达135起，年均立案数7起，而同期发达国家的年均立案数仅为4起。尤其是在1997年之后，发展中国家对中国轻工产品反倾销的数量明显超过发达国家，在同期中国轻工产品遭遇全部反倾销调查中的比例高达67.5%。

4. 反倾销调查涉案产品集中

中国轻工行业中遭遇反倾销调查的产品包括日用机械及小家电、文教体育用品、鞋类产品、日用杂品等13类产品。其中，日用机械及小家电的遭遇的反倾销调查55起，占中国轻工产品遭遇反倾销调查总数的22.9%；其次是文教体育用品40起，占比16.7%；鞋类产品以30起位列第三，占比12.5%。但是，2010年中国出口的纸张及纸制品遭遇的反倾销调查数量迅速上升，占中国轻工产品遭遇反倾销调查总数的1/2，占全部纸类产品案件的15.8%。

（二）轻工产品遭遇保障措施较多

自1987年欧盟对中国发起首起保障措施调查以来，截至2010年底，国外涉及中国轻工产品的保障措施案件69起，占保障措施案件总数的33.0%，居各行业首位。

1. 保障措施案件数量大幅度上升

1987～1995年，中国轻工产品共遭遇保障措施调查案件4起，其中，1990年以后没有新的调查案件发生。1996年以后，中国轻工产品遭遇的保障措施调查趋于稳定增长状态，1996～2010年，中国轻工产品遭遇保障措施案件65起，年均立案在4起以上。2009年轻工业产品遭遇保障措施多达11起，达到历史最高水平，占当年国外对中国保障措施案件的37.9%。

2. 发展中国家是主要发起者

中国轻工产品遭遇的保障措施调查共来自27个国家和地区，其中，土耳其对中国轻工产品发起保障措施调查9起，是发起调查案件最多的国家，占中国轻工产品遭遇保障措施案件的13%。其次是捷克、韩国和厄瓜多尔均为4起，分别占比5.8%。在全部对中国轻工产品保障措施案件中，发达国家仅为6起，占比8.7%，发展中国家发起成为对中国轻工产品保障措施的主要发起者。

3. 食品、机械等为主要涉案产品

中国轻工产品遭遇保障措施调查共涉及食品、日用机械及小家电、纸类产品、日用硅酸盐、鞋类产品等9类产品。其中，涉及食品的案件数量最多，共20起，占中国轻工产品涉及保障措施调查案件的29%；其次是日用机械及小家电，为11起，占比15.9%；纸类产品以9起位列第三，占比13%。

三、纺织服装行业和产品

2001年“入世”之后，中国的纺织业发展面临前所未有的大好契机，生产能力的不断提高，伴随着出口规模的迅速扩大，出口额在2005年开始突破千亿美元，出口增速自2003年以来一直在20%以上。2008年金融危机爆发后，纺织品服装的出口增速放缓，但是，2010年纺织品服装出口呈现连续攀升之势，正从恢复性增长向实质性增长转变。伴随着出口规模的迅速增长，纺织品服装也成为中国遭遇贸易摩擦的主要行业。

（一）纺织服装业贸易救济调查概况

1. 遭遇贸易救济调查案件增多

截止到2010年底，中国纺织品服装共遭遇贸易救济调查175起，占同期中国遭遇贸易救济调查总数的12.3%，仅次于化工、轻工和冶金行业，位列第四。从贸易救济调查发起的时间段来看，1982～1994年，中国纺织业遭遇贸易救济调查29起，而且其形式全部都为反倾销，年均立案2起。从1995年WTO成立到2001年中国“入世”，中国纺织业在7年时间遭遇贸易救济调查14起，年均2起，数量上和上一阶段相比变化不大；但是从方式上来看，除了11起反倾销之外，还有2起保障措施和1起特别保障措施。2002～2010年，中国纺织业遭遇的贸易救济调查大幅增长，短短的9年时间共遭遇132起，年均15起，其中，从方式上看，遭遇反倾销59起，遭遇保障措施和特别保障措施分别为16起和56起，2009年新增反补贴1起。2003年，美国根据《中国加入世界贸易组织工作组报告书》第242段对3类产品实施特保措施，随后的6年中，中国纺织业遭遇的贸易救济调查大幅增加。由此可见，

纺织品服装贸易出口规模的迅速增长伴随着贸易救济调查案件的增多。

2. 纺织业服装业是遭遇特别保障措施最多的产业

尽管《特别保障措施》条款在2001年12月11日中国正式加入世界贸易组织才生效，但是日本在同年的4月16日就率先对中国毛巾产品启动了首起特别保障措施调查，直至242条款失效之前，中国纺织业一直是特别保障措施调查的主要涉案产业，在针对中国的85起特别保障调查中，有57起是针对纺织业发起，占特保案件总数的67.1%。为避免2005年1月1日全球纺织品服装配额取消以后，中国纺织品服装出口额大幅增长以及在美国市场占据份额激增，国外在2004年和2005年大规模地对中国纺织业发起特保调查。美国在2004年对中国的13类纺织品服装发起特保调查，除美国之外，秘鲁和土耳其也在2004年对中国纺织品服装各发起1起特保调查；中国纺织品服装在2005年共遭遇特保调查34起，其中有21起来自美国，9起来自欧盟，3起来自哥伦比亚，另有1起来自中国台湾。

特保调查的集中出现显示出其立案具有一定的传导性和示范性。在美国对中国纺织品服装发起大规模的特保调查以后，欧盟为避免中国纺织品服装大量出口对其内部市场的冲击，也开始大量使用特保措施，随后，一些保护主义倾向严重的国家也纷纷效仿美国和欧盟对中国纺织品服装纷纷发起特保调查。中国政府就此问题积极与美国和欧盟进行了多轮磋商并取得了良好的成效，由美国发起的21起特保案件和由欧盟发起的9起特保案件分别通过双边的最终协议而终止，但是根据协议规定，美国和欧盟对原产于中国的部分纺织品服装实施配额限制。

（二）发达国家和发展中国家各有侧重

在中国纺织品服装业遭遇的175起贸易救济调查中，有65起来自于发达国家和地区，占遭遇调查总数的37.1%；发展中国家发起110起，占案件总数的62.9%。其中，美国发起的调查数量最多43起，占中国遭遇调查总数的24.6%；土耳其以19起位列第二，所占比例为10.9%；欧盟16起，居第三位，占比9.1%。参见图4-6。

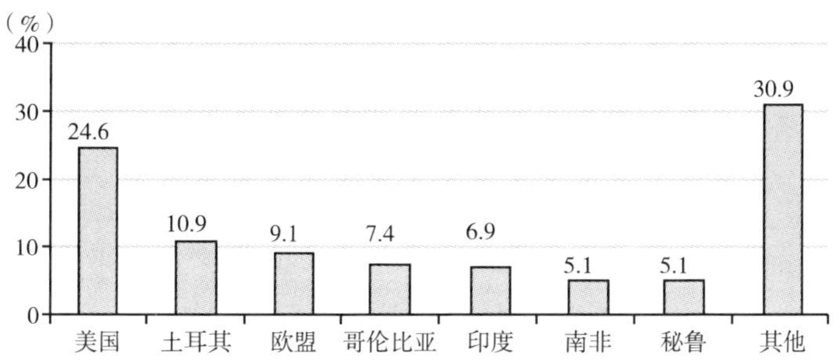

图4－6　纺织品遭遇贸易救济来源国家（地区）分布

1. 发展中国家是反倾销和保障措施调查的主要发起者

在中国纺织品服装遭遇的99起反倾销案中，仅有18起来自发达国家，占反倾销案件总数的18.2%；其余81起反倾销调查全部由发展中国家和地区发起，占调查总数的81.8%。其中，土耳其发起的反倾销调查最多17起，其次分别为印度（10起）、南非（9起）、哥伦比亚（8起）。另外，16起针对中国纺织品的保障措施调查几乎都由发展中国家发起，其中，乌克兰4起，埃及3起，印度尼西亚2起，秘鲁2起，哥伦比亚、白俄罗斯、土耳其、印度和智利各1起。参见表4－2。2010年，印度尼西亚是对中国纺织品贸易救济调查的主要发起国，总计2起保障措施调查，这也是印度尼西亚首次对中国纺织品服装实施保障措施调查。印度尼西亚是东盟内最大的经济体，2009年中国—东盟自贸区启动之后，中国对印度尼西亚的纺织品服装出口增速较快，2010年中国对印度尼西亚纺织品服装出口额23.28亿美元，占对东盟纺织品服装出口额的15.7%。遭遇调查的产品均是自2010年起中印之间零关税的商品，然而，双边自贸区刚刚启动1年的时间，印度尼西亚就开始对中国出口的纺织品服装实施保障措施并加征关税。

表4－2　　纺织品遭遇反倾销来源国家和地区分布　　单位：%

国家和地区	比例	国家和地区	比例	国家和地区	比例
土耳其	17.5	美国	7.2	墨西哥	5.2
印度	10.3	欧盟	7.2	巴西	5.2
南非	9.3	秘鲁	6.2	澳大利亚	3.1
哥伦比亚	8.2	阿根廷	6.2	加拿大	1.0

2. 美欧是特别保障措施调查的主要发起者

自中国"入世"之后，美国、欧盟、韩国、日本、加拿大等发达国家和地区，印度、土耳其、秘鲁、哥伦比亚等发展中国家和地区，先后完成了对中国纺织品服装实施特别保障措施的立法程序。由于特保调查申诉门槛较低，仅凭"市场扰乱"或者"市场扰乱威胁"就能够获得1～3年的有效保护，以美国为首的发达国家和地区在全球纺织品服装配额取消前后，为避免中国纺织品出口规模以及在其国内市场份额激增，对中国纺织品服装发起了大规模的特保调查。中国纺织品服装在2001～2009年共遭遇特别保障措施调查57起，其中的35起由美国发起，占特保调查总数的61.4%；欧盟启动9起，占比15.8%。美国对中国纺织品的特保调查不仅数量多，而且针对部分类别的产品多次立案调查。例如，在2003年遭遇立案调查的3类产品在下一年度再次被立案，而2005年立案调查的21类产品中，有8类产品已经在2004年启动过特保调查。

四、冶金行业和产品

（一）冶金行业是遭遇贸易救济调查的主要行业

1. 贸易救济案件比例不断增长

截至2010年底，中国冶金行业共遭遇贸易救济调查179起，位列化工和轻工之后，居所有行业中第三位，在遭遇的全部贸易救济案件中的比例为12.6%。从年度数据对比来看，冶金行业遭遇贸易救济调查的占中国遭遇贸易调查总数比例波动较大，2000年该比例为14.1%，随后两年该比例同为15.3%，2005年该比例跌至5.1%，2006年之后又开始不断上升，2010年该比例高达24%。这也表明在2006年之后，冶金行业已经成为中国遭遇贸易救济的重点行业。

2. 贸易救济调查案立案不断攀升

1982～1992年，中国冶金行业遭遇贸易救济调查数量呈增长态势，1992年遭遇贸易救济调查7起，达到第一个小高峰；从1993年遭遇调查的数量有一定的回落，1993～2000年度调查数平均为4起，每年的波动幅度也不大；在“入世”前后的2001年和2002年遭遇调查数量同为11起，达到第二个小高峰，并且在2003年回落至4起；从2004年开始贸易救济调查数量呈迅速增长态势，2009年达到历史最高水平23起，2010年稍有回落为18起。从整体上来看，中国加入世界贸易组织之后，冶金行业遭遇的贸易救济调查数量较“入世”之前明显增加。

3. 贸易救济调查形式趋于多样

1998年之前，中国冶金行业遭遇的贸易救济调查仅有反倾销一种形式，美国于1999年1月对中国出口的钢盘启动首起保障措施调查，并于2005年8月对非合金环形焊缝钢管发起首起特保措施调查，加拿大于2006年6月对中国钢管发起首起反补贴调查，这也是中国冶金行业遭遇的首起“双反”调查。自2007年开始，中国冶金行业遭遇的“双反”调查迅速增多，尤其是美国在此后对中国冶金产品发起的贸易救济调查基本上都采取反倾销与反补贴并用的“双反”调查。

（二）反倾销是贸易摩擦的主要形式

在中国冶金行业遭遇的179起贸易救济调查中，反倾销调查134起，占总数的74.9%，是对中国冶金行业影响最大的贸易救济措施。

1. 反倾销调查数量整体呈上升态势

欧盟在1982年对中国轻烧镁首次发起反倾销立案调查，在这之后中国冶金行业每年遭遇反倾销调查约5起，占中国遭遇反倾销调查总数的12.4%，而且反倾销调查数量整体呈增长态势。1982～1991年冶金行业遭遇的反倾销调查相对较少，1992年遭遇7起反倾销调查，达到第一个小高峰；1992～2001年年均遭遇调查5起，并于2001年达到第二个小高锋9起；2002～2010年是中国冶金行业遭遇反倾销调查的高峰期，每年平均遭遇反倾销调查8起，并于2009年达到历史最高水平13起。

2. 美国和欧盟是主要发起者

中国冶金行业遭遇的反倾销调查共来自全球的19个国家和地区，其中的

34 起来自美国，占调查总数的 25.4%；欧盟发起 31 起调查，占调查总数的 23.1%；印度和加拿大发起调查分别为 12 起和 10 起，所占比例分别为 9.0% 和 7.5%。上述四个国家和地区对中国冶金行业反倾销合计 87 起，占反倾销调查总数的 64.9%，是针对中国冶金行业反倾销的主要发起者。参见图 4-7。

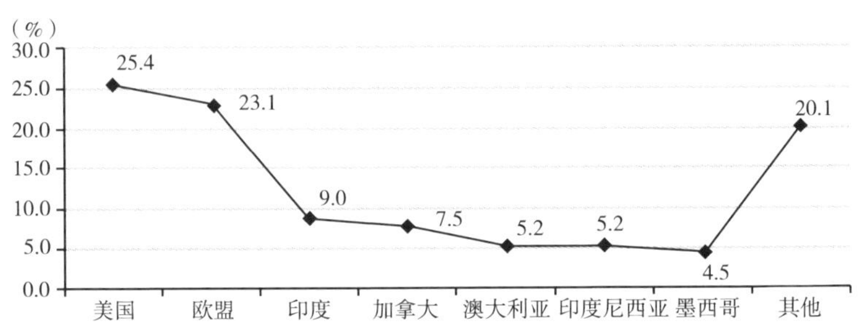

图 4-7　冶金行业遭遇反倾销国家（地区）来源分布

3. 钢铁类高端产品成首要目标

从行业细分来看，1982～1991 年冶金行业遭遇的反倾销调查主要针对有色金属产品，涉及的具体行业包括轻烧镁、重烧镁、氧化铁、硅铁和金属钨粉等，但是在遭遇调查的数量上并不多；1992～2001 年有色金属遭遇的反倾销调查数量开始减少，同时钢铁产品的遭遇反倾销调查的数量开始增多，基本呈现出 1∶1 的比例格局；2002～2010 年成为冶金行业遭遇反倾销调查集中爆发阶段，而且钢铁产品成为遭遇反倾销调查的主要目标。自 1985 年美国对中国小口径焊缝钢管实施反倾销调查以来，中国钢铁产品共遭遇 16 个国家和地区启动的反倾销调查 77 起。其中，美国对中国钢铁产品反倾销调查最多 22 起，其次是欧盟和加拿大分别为 9 起和 8 起。参见图 4-8。在中国钢铁产品反倾销调查数量上升的过程中，涉案产品逐渐由低端产品向高端产品转移。1991 年之前，中国仅有钢丝绳类的低端钢铁产品遭遇过反倾销调查，此后遭遇的反倾销调查由各类管件等低附加值产品为主向冷轧板材、镀锌板材及无缝钢管等高附加值产品蔓延。2009 年，中国冶金行业在 2009 年遭遇的 11 起反倾销调查中，有 6 起涉及无缝钢管，占全部反倾销调查的 1/2 以上；2010 年遭遇 8 起反倾销调查则全部针对钢铁类高端产品。自 2006 年起，国外对中国钢铁类产品反倾销调查主要以石油管材等无缝钢管为主，高端产品成为首要目标。

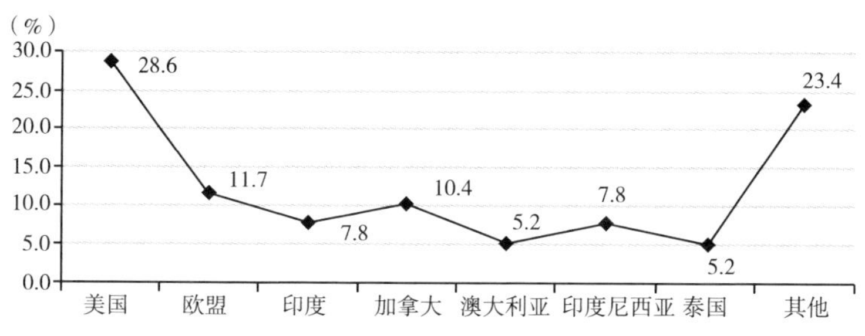

图 4-8　1982～2010 年钢铁产品反倾销来源分布

（三）钢铁产品成为反补贴和保障措施的主要对象

截至 2010 年底，中国冶金行业遭遇反补贴调查 18 起，占全部反补贴调查的 41.9%。自 2006 年加拿大对中国铜管件实施反补贴调查以来，冶金行业遭遇的全部 18 起反补贴调查均以“双反”调查形式出现，而且 18 起反补贴调查都只来自三个国家，即美国、加拿大和澳大利亚，分别为 10 起、6 起和 2 起。在全部 18 起反补贴调查中，除 4 起是针对有色金属之外，其余 14 起全部针对中国钢铁产品，尤其是以管材产品为主。目前，中国无缝钢管生产能力已超过全球总能力的 70%，而中国无缝钢管企业所遭遇的贸易救济措施也呈现“地域越来越广、措施出台越来越密集”的特点。

在冶金行业遭遇的全部 24 起保障措施中，有 23 起是针对钢铁产品。由此可见，钢铁行业是国外针对中国实施保障措施的重点保护对象。从中国冶金行业受国外保障措施影响的阶段来看，“入世”初期是冶金行业遭遇保障措施调查的高发期，仅在“入世”第二年就遭遇 7 起调查。在美国于 2002 年 3 月启动钢铁保障措施后，其他国家纷纷采取相应的报复措施，进而引发了全球范围的钢铁贸易争端。另外，在冶金行业遭受的 3 起特别保障措施调查中，针对钢铁产品的就有 2 起。

第三节　新型贸易摩擦行业和产品结构分析

一、知识产权保护涉及行业和产品类别

在本章第一节中曾指出，美国337调查涉及中国产品结构不断升级，尤其是电子类产品成为主要涉案产业。除了美国337调查外，美国和欧盟海关扣押知识产权侵权商品类别也呈现出了一定的特点。

（一）美国海关扣押中国商品类别

从2006年开始，在美国海关扣押的中国知识产权侵权商品中，鞋类产品连续5年居于首位，扣押侵权鞋类产品国内价值分别高达6100.9万美元、7639.7万美元、9826.1万美元、9796.7万美元和4279.1万美元，占当年美国扣押中国侵权商品总价值额49%、48%、44%、47.9%和34%。其他扣押价值较高的商品还包括箱包、消费电子、计算机/硬件等产品。参见表4－3。

表4－3　2005～2010财年美国海关扣押中国前五位侵权商品比较

2005年			2006年			2007年		
产品	金额（万美元）	占比（%）	产品	金额（万美元）	占比（%）	产品	金额（万美元）	占比（%）
箱包	979.7	15	鞋类产品	6100.9	49	鞋类产品	7639.7	48
香烟	954.0	15	服装	1421.5	11	服装	1833.2	12
鞋类产品	793.6	12	箱包	1252.7	10	箱包	1222.8	8
服装	778.7	12	计算机/硬件	1048.0	8	手表/零部件	1160.0	7
消费电子	678.0	11	消费电子	514.9	4	医药产品	1065.3	7
2008年			2009年			2010年		
产品	金额（万美元）	占比（%）	产品	金额（万美元）	占比（%）	产品	金额（万美元）	占比（%）
鞋类产品	9826.1	44	鞋类产品	9796.7	48	鞋类产品	4279.1	34

续表

2008年			2009年			2010年		
产品	金额（万美元）	占比（%）	产品	金额（万美元）	占比（%）	产品	金额（万美元）	占比（%）
箱包	2743.9	12	箱包	1955.2	10	消费电子	2197.9	18
服装	2092.6	9	消费电子	1849.0	9	箱包	1404.3	11
消费电子	1272.6	6	服装	1785.6	9	多媒体	587.7	5
医药产品	1071.3	5	计算机/硬件	878.4	4	计算机/硬件	420.8	3

（二）欧盟海关扣押中国商品类别

从2003年开始，来自中国的进口商品一直位居欧盟海关扣押侵权商品的首位。从扣押商品的具体类别来看，在2000年欧盟海关扣押的侵权商品中，中国仅是假冒玩具及游戏产品的主要来源国；2002年中国又成为假冒玩具及游戏产品、香烟、电子装置以及其他类产品的主要来源国；2004年除以上产品外，中国又成为假冒服装产品的来源国；2005年在以上基础上，中国又成为食品及饮料、化妆品及个人护理用品、CD/DVD及盒装磁带、珠宝和手表假冒商品的主要来源地。2009年在欧盟海关扣押的12大类侵权产品中，中国有9类位居首位，2类商品位居第二位，1类商品位居第四位；2010年在欧盟海关扣押的商品中，除了食品、其他饮料、存储卡以及药品之外，其他所有类别的商品均以中国居于首位。另外，2000～2008年，欧盟海关扣押的来自中国的假冒玩具及游戏产品始终位居欧盟海关扣押该类商品的首位。由此可见，玩具类商品是欧盟对中国侵权商品扣押的重点。参见表4-4。

表4-4　2000～2008年欧盟海关扣押中国侵权商品类别及比例　单位：%

类别	2000年	2001年	2002年	2003年	2004年	2005年	2006年	2007年	2008年
食品及饮料	10	17	20	6	—	72	1	37.35	1.72
化妆品及个人护理品	—	—	8	—	11	27	37	15.86	54.83
服装	7	14	9	15	59	47	63	—	—
运动服	7	15	1.1	8	51	29	43	55.62	62.65
其他服装	5	7	8	11	37	50	50	62.58	60.32
服装附属品	12	27	24	21	68	57	81	57.16	88.34

续表

类别	2000 年	2001 年	2002 年	2003 年	2004 年	2005 年	2006 年	2007 年	2008 年
鞋类产品	—	—	—	—	—	—	—	79.67	93.42
电子装置	16	30	50	55	87	36	61	30.73	72.15
电脑设备	18	25	20	47	16	19	47	47.61	45.98
CD、DVD 及盒装磁带	—	5	6	8	32	51	88	75.07	67.99
珠宝及手表	5	10	17.4	16	54	72	72	52.21	84.19
玩具及游戏品	23.5	42	65	37	97	82	85	41.59	89.61
香烟	—	—	41	19	47	74	83	55.05	28.76
药品	—	—	—	—	—	1	20	3.88	0.96
其他	19	47	36	40	59	70	82	71.14	62.78

二、技术性贸易壁垒涉及行业和产品类别

2010 年中国出口的机电仪器、化矿金属、玩具家具、纺织鞋帽和橡塑皮革受技术性贸易措施影响较大，分别占直接损失总额的 29.67%、18.55%、18.45%、12.08%和 7.97%。同时，中国产品遭遇的技术性贸易措施主要来源于美国、欧盟和日本，而且不同的国家和地区影响中国产品的行业结构也具有明显的差别。

（一）美国对中国拒绝和召回的行业和产品结构

1. 美国 FDA 拒绝进口中国商品类别

美国食品和药品管理局（简称 FDA）是美国技术性贸易措施的主要实施者，拒绝进口的产品类别主要包括：食品、饮料及农产品，医疗、轻工产品，药品、机电、家电产品等。2005～2010 年，美国 FDA 拒绝进口中国产品 15274 批次。其中，食品、饮料及农产品最多，总计 4596 批次；其次是医疗、轻工类产品 2930 批次；然后是药品类产品 1788 批次。上述三类产品合计占同期美国 FDA 拒绝进口中国产品总数的 61%。自 2002 年以来，食品、饮料及农产品一直就是美国 FDA 拒绝进口中国产品的重点领域，2005～2010 年一直居于 FDA 拒绝进口中国产品的首位。参见图 4 9。

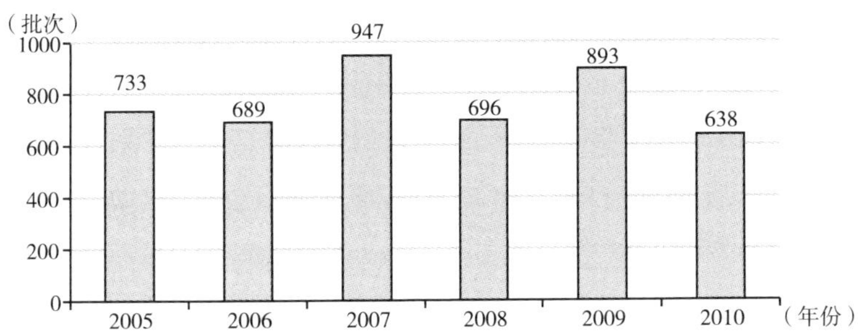

图 4－9　2005～2010 年中国食品、饮料及农产品被 FDA 拒绝进口情况

2. 美国 CPSC 对中国产品召回主要领域

美国消费品安全委员会（CPSC）承担着联邦政府有关消费品安全的职能，对消费品安全性制定标准和法规并监督执行。2006～2010 年，中国产品被 SPSC 召回通报 1124 项，其中儿童用品被通报 377 项，占通报总数的 33.5%，其主要原因包括铅含量超标、服装束带有致儿童颈部被勒危险、划伤割伤等受伤危险等。中国的家居用品和玩具也是美国 CPSC 通报的重点领域。2006 年开始，家居产品中的小电器、家具和餐具等被通报召回的数量总体上呈现上升趋势，尤其是 2010 年高达 353 项，召回的主要原因包括受伤、火灾和电击等危险；玩具一直是中国出口的传统优势产品，从 2007 年开始，受中国玩具出口缺乏持续动力的影响，美国 CPSC 召回中国玩具通报数量持续下降，但是 2010 年玩具仍然受美国 CPSC 召回通报的主要商品，总计 210 项。此外，体育和休闲用品、户外用品、特殊产品也是受美国 CPSC 召回通报的主要商品类别。详见图 4－10。

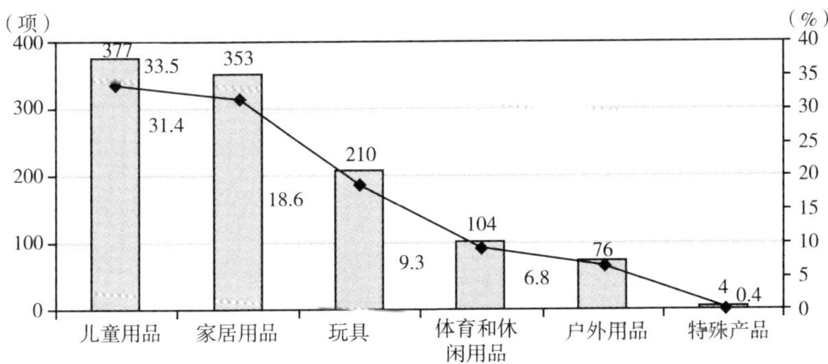

图 4－10　2006～2010 年美国 CPSC 召回中国主要产品通报数量及比例

（二）欧盟对中国产品通报行业和产品分析

自2006～2010年，欧盟的非食品类消费品快速预警系统（简称RAPEX）对中国产品发布的4000多项通报涉及近30个产品类别，其中，玩具、服装、面料及时尚用品，电器以及照明装置类产品分列前四位，分别被通报1725项、640项、517项和233项。2006～2008年，玩具、电器和照明装置类产品一直居欧盟RAPEX对中国产品通报的前三位；进入2009年，服装类产品超过电器和照明装置成为仅次于玩具的第二大类通报产品。

玩具一直位居欧盟RAPEX对中国产品通报的首位。中国玩具类产品被通报的原因主要为：导致儿童窒息、化学危险（包括中毒）、导致儿童受伤及引发火灾、听力及视力受损等。电器类产品是欧盟RAPEX对中国产品通报中仅次于玩具的产品种类，通报的主要原因是存在导致使用者触电、引发火灾和致伤的危险。近年来，欧盟RAPEX对中国服装、面料及时尚用品的通报数量呈迅速增长态势，2006年仅16项，2010年达到327项。欧盟对中国输欧服装类产品通报大幅增长的主要是因为欧盟各成员国监管机构加强了市场监管力度，通报的原因主要是导致使用者窒息、存在化学危险以及导致使用者受伤。近年来照明装置受到欧盟RAPEX通报呈现下降趋势，但仍是欧盟RAPEX对中国通报的主要产品类别，产品通报的主要原因是导致使用者触电以及引发火灾危险。参见图4－11。

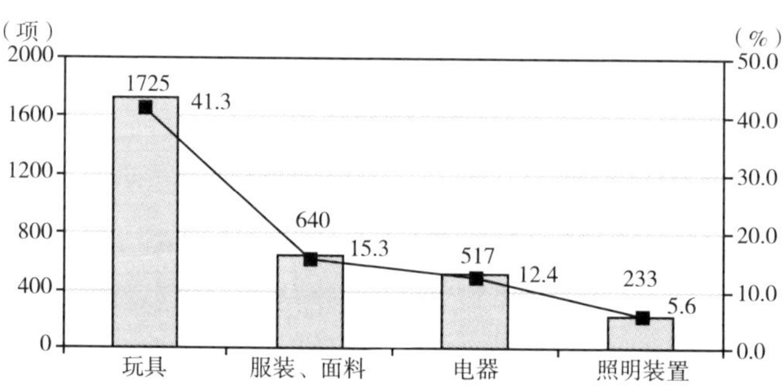

图4－11　2006～2010年欧盟RAPEX对中国商品通报主要行业

本章小结

与贸易摩擦的国别和地区结构相似，中国遭遇贸易摩擦的行业和产品结构也呈现出明显的广泛性和集中性的特征，而且不同的贸易摩擦方式涉及的中国出口行业和产品也明显不同。化工、轻工、纺织服装、冶金等劳动密集型行业是遭遇贸易救济调查主要领域，其中，化工和轻工是遭遇反倾销调查和保障措施调查的主要行业，60%以上的反补贴调查涉及冶金、化工、机械和造纸产品，60%以上的特别保障措施都是针对纺织品。相比而言，儿童玩具、农产品、家具电器等行业和产品遭遇的技术贸易壁垒较多；电子、轻工、机械、化工、汽车等多个行业是美国和欧盟对中国实施知识产权保护的主要领域。从整体上而言，目前中国遭遇的贸易摩擦主要还是集中在中国具有绝对竞争优势的劳动密集型行业和产品。但是，随着中国制造业生产技术水平的不断提高和出口产品技术含量的不断增加，国外向中国发起贸易摩擦的行业和产品也逐渐向高端转移，清洁能源、电信设备、软件、汽车、民用飞机及其组件等中国新兴产业和产品遭遇贸易摩擦的风险也因此加大。

第五章
中国对外贸易摩擦方式结构研究

第一节　传统贸易救济措施引发的摩擦分析

一、全球传统贸易摩擦的发展趋势分析

（一）全球传统贸易摩擦的总体概况

从反倾销、反补贴和保障措施这三大传统的贸易摩擦形式来看，1995～2010年，WTO成员共通报了4323起贸易及救济调查，其中，反倾销措施3853起（占89.1%），反补贴调查254起（5.9%），保障措施调查216起（5.0%）。由于反倾销针对的是微观企业，实施相对比较方便，而反补贴针对的是贸易对象国政府，在操作上存在较大的困难，保障措施又只能在特定的条件下才可以使用，使用机会比较少，因此，反倾销仍然是贸易摩擦的主要形式。

经济发展形势是影响传统贸易摩擦数量的主要因素，当全球经济处于繁荣上升的时期，各个国家的贸易保护措施相对较少，于是贸易摩擦发生的数量较少；反之，则较多。例如，1995～2001年，全球贸易救济新立案数呈现

上升之势，而同期全球 GDP 总体呈现下降趋势；2002 ~ 2007 年，全球贸易救济新立案数呈现下降趋势，而这一时期全球的 GDP 则在持续上升。2008 年之后，由于金融危机在全球蔓延导致实体经济衰退，各个国家为扶持国内产业并保护国内市场，防范国际市场萎缩导致的贸易转移，出台了多种多样的贸易保护措施。2009 年全球贸易救济新立案 262 起，增幅 9.6%；2010 年全球经济开始复苏，GDP 增速恢复至 3.6%，与此同时，贸易救济新立案数 197 起，下降了 24.8%。

（二）具体贸易救济方式的发展趋势

1. 不同贸易救济方式的发展概况

1995 ~ 2010 年，45 个 WTO 成员共启动反倾销调查 3853 起。其中，印度启动反倾销调查 637 起居首位，此外，发起反倾销前五位的国家和地区还包括美国 443 起，欧盟 421 起，阿根廷 284 起，巴西 216 起。上述五位成员启动的反倾销调查已占全球同期反倾销案件总数的 51.9%，而其余 40 个成员启动的反倾销调查仅占 48.1%。尤其是印度成为近几十年反倾销立案增速最快的国家，1995 年时印度启动的反倾销调查仅 6 起，在随后的 15 年中数量迅速增加，从 2001 年起连续成为全球发起反倾销最多的国家。参见表 5 - 1。

1995 ~ 2010 年，共计 20 个 WTO 成员启动了反补贴调查 254 起。其中，美国启动 105 起，占全球反补贴案件总数的 41.3%；除美国外，发起反补贴调查较多的成员包括欧盟 57 起，加拿大 25 起，南非 13 起，澳大利亚 11 起。上述 5 个 WTO 成员启动的反补贴调查占全球反补贴案件总数的 83.1%，而其余 15 个成员启动的反补贴调查仅占 16.9%。参见图 5 - 1（a）。由此可见，美国、欧盟、加拿大等发达国家成员一直是全球反补贴调查的主要发起者。与反倾销相比，反补贴案件数量要明显偏少，其主要原因就是因为反补贴的调查对象是成员政府，而对政府行为的调查手续烦琐，实施起来比较困难，尤其在金融危机爆发、经济发展形势恶化的时候，实施以行政为主导的反倾销更为方便，这成为金融危机期间反倾销调查数量急剧增加而反补贴调查数量变化不大的主要原因。

表 5-1　　1995~2010 年美国、欧盟和印度反倾销立案比较　　单位：起

年份	美国		欧盟		印度		年份	美国		欧盟		印度	
	数量	位次	数量	位次	数量	位次		数量	位次	数量	位次	数量	位次
1995	14	4	33	1	6	7	2003	37	2	7	10	46	
1996	22	3	25	2	21	4	2004	26	3	30	1	21	
1997	15	4	41	2	13	6	2005	12	6	25	2	28	
1998	36	2	22	4	28	3	2006	8	7	35	1	35	
1999	47	3	65	1	64	2	2007	28	2	9	5	47	1
2000	47	1	32	4	41	3	2008	16	5	19	3	55	
2001	77	2	28	3	79	1	2009	20	4	15	6	31	
2002	35	2	20	5	81	1	2010	3	9	15	3	41	

1995~2010 年，45 个 WTO 成员共启动保障措施调查 216 起。其中，印度启动的案件共 26 起，占全球保障措施案件总数的 12%，居全球首位；其次是约旦和土耳其均为 15 起，智利和印度尼西亚均为 12 起，美国 10 起，捷克和菲律宾均为 9 起。参见图 5-1（b）。由此可见，以印度为首的发展中国家是全球保障措施的主要发起者。

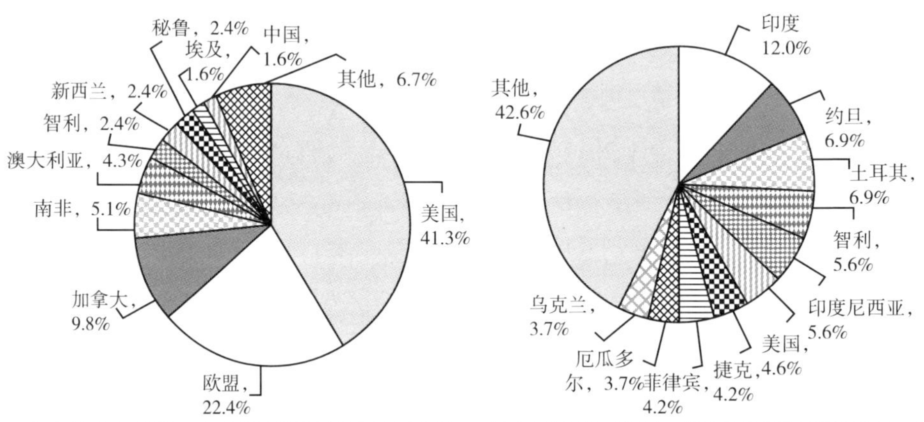

图 5-1　1995~2010 年 WTO 成员反补贴和保障措施国家和地区分布

从以上分析可以看出，在反倾销调查中，印度已经取代美国和欧盟成为全球反倾销调查的主要发起者；在反补贴调查中，美国、欧盟、加拿大等发达国家和地区一直是反补贴的主要发起者；而在保障措施调查中，以印度为

首的发展中国家是主要的发起者。

2. 贸易救济方式涉案国别较为集中

1995～2010年，反倾销调查的涉案国家较为集中，尤其是中国、韩国、印度成为主要的被调查对象。中国在此期间共遭遇反倾销调查804起，成为遭遇反倾销调查最多的国家；受到反倾销调查第二位的国家韩国仅为273起，美国224起，中国台湾地区203起，印度尼西亚和日本均为160起。上述六个国家和地区遭遇的反倾销调查占同期反倾销调查总数的47.3%，可见被调查对象相对集中成为反倾销调查的主要特征。参见图5－2（a）。

与此同时，在同期WTO成员发起的反补贴调查中，印度共遭遇48起，成为全球反补贴调查最大的受害者，其次为中国43起，韩国17起，意大利13起，欧盟、美国和印度尼西亚均为12起。参见图5－2（b）。上述七个国家和地区遭遇的反补贴调查占同期反补贴总数的61.8%。可见反补贴对象的集中程度要明显高于反倾销对象的集中程度。

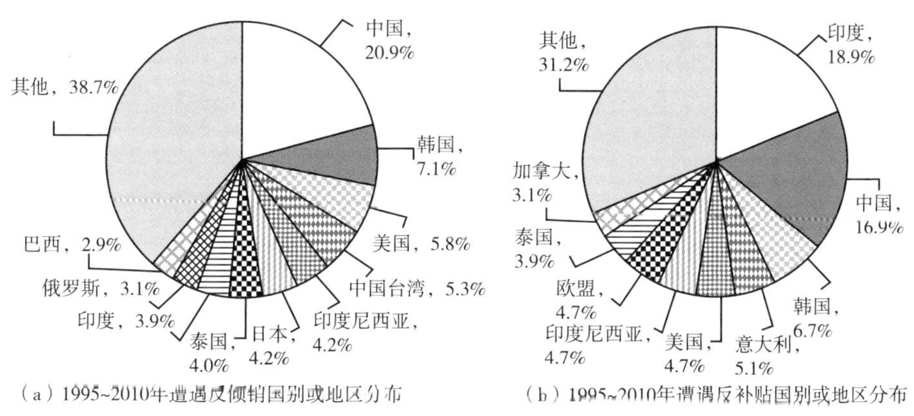

图5－2　1995～2010年遭遇反倾销和反补贴国别或地区分布

因此，尽管反倾销、反补贴调查涉及的国家或地区达到了100多个，但是受其影响最为严重的仍然是中国、印度、韩国等少数国家和地区。尤其是中国自1995年开始连续16年成为反倾销调查的主要对象，从2004年遭遇首起反补贴调查至今，中国已经成为反补贴调查的第二大受害国，并且从2006年开始连续5年成为遭遇反补贴调查最多的国家。

二、中国遭遇传统贸易摩擦的方式结构分析

自2001年加入世界贸易组织以来，中国对外贸易进入高速增长阶段，但中国面临的对外贸易摩擦也随之不断增加。自1995年以来，中国连续16年成为全球反倾销措施的最大受害者。2003年之前，中国遭遇的反倾销调查占当年全球反倾销调查总数的12%～17%；2003年之后，这一比例超过了20%，2009年高达38.3%。除反倾销之外，反补贴、保障措施和“特保”调查等贸易摩擦案件也有增无减，尽管在理论上WTO成员对中国贸易政策受到WTO非歧视原则的制约，但是实践上中国遭受歧视性贸易措施的现象并没有多大改变。

（一）中国遭遇传统贸易摩擦的整体概况

根据WTO统计，中国在2010年货物贸易总额约占全球贸易额的9.9%，但截至2010年底，全球却有20.9%的反倾销调查和16.9%的反补贴调查是针对中国出口产品的。这不仅制约了中国的出口发展，而且破坏了中国对外公平贸易环境。2008年下半年，由于金融危机向实体经济的蔓延，为减缓经济衰退给国内产业所带来的影响，各国启动贸易救济调查也迅速增加，中国出口产品也成为许多国家和地区贸易救济调查的主要对象。中国在2009年遭遇贸易救济调查127起，创历年最高水平。据中国贸易救济信息网统计，1979～2010年，中国共遭遇贸易救济调查1418起。其中，遭遇反倾销1081起，遭遇反补贴43起，涉及中国的保障措施209起，特别保障措施85起。此外，1995年之后，中国还受困于反倾销的衍生手段——反规避、反吸收调查的大幅增加，1979～2010年，继原审的37起反倾销调查后，中国又遭遇了55起反规避和反吸收调查，其中反规避调查47起，反吸收调查8起，发起国和地区由1995年的美国和欧盟扩展到土耳其、墨西哥和南非。

2008年下半年以来，中国出口产品成为各国贸易救济调查的主要目标，2009年中国共遭遇全球贸易救济调查128起；2010年全球对中国的贸易救济调查75起，虽然数量上有所下降，但中国仍然是各国贸易救济调查的重

点对象。例如，美国2010年启动3起反倾销和3起反补贴调查，全部针对中国产品；欧盟启动15起反倾销和3起反补贴调查，其中分别有8起和2起针对中国产品；印度启动41起反倾销调查，其中针对中国的11起。

（二）具体贸易救济方式的发展趋势

从中国遭遇贸易救济调查的具体方式来看，反倾销调查在中国遭遇的全部贸易救济调查中的比例超过了75%，是四种贸易救济调查形式的主要手段。然而，从增长的速度来看，全球对中国的反补贴、保障措施和特别保障措施的使用频率却在不断加速。按照1995年WTO成立和2001年中国加入WTO两个时间点，将1979~2010年划分为三个阶段进行对比，参见表5-2。通过对比我们可以看出，中国遭遇的贸易救济调查整体上呈现出快速增长的态势，尽管我们在前文中指出，全球的贸易救济案件自2001年之后开始呈现下降趋势，但是中国遭遇的贸易救济调查却在一直增加，1979~1994年遭遇贸易救济调查266起，1995~2001年增长到337起，2002~2010年更是迅速增加到815起。从具体的贸易救济方式来看，尽管反倾销案件的总数在不断增加，但是反倾销在全部贸易救济调查中的比例却在下降，通过对比可以看出反倾销的比例由1979~1994年的98.1%下降至2002~2010年的66.6%；同时，反补贴的比例则由0%上升至5%；涉及中国的保障措施比例由1.9%上升到17.8%，特别保障措施的比例由0%上升至10.3%。近年来，全球对中国的反补贴调查呈现出明显的增长态势。自2006年以来，中国出口产品已经连续5年成为全球反补贴措施的最大受害者。2009年，全球对中国启动13起反补贴调查；2010年为6起，尽管在数量上有所下降，但是在全球遭遇反补贴调查的国家和地区中仍然位居第一位。此外，对中国启动反补贴调查的国家和地区也由1个增至6个，其中一直不承认中国市场经济地位的美国对中国共启动26起反补贴调查，占同期反补贴调查总数的60.5%。

表5-2　　中国遭遇贸易救济案件的四种方式分阶段对比

方式	1979~1994年（16年）		1995~2001年（7年）		2002~2010年（9年）	
	数量（起）	比例（%）	数量（起）	比例（%）	数量（起）	比例（%）
反倾销	261	98.1	277	82.2	543	66.6
反补贴	0	0	0	0	43	5.3
保障措施	5	1.9	59	17.5	145	17.8
特别保障措施	0	0	1	0.3	84	10.3
合计	266	100	337	100	815	100

除此之外，反规避和反吸收调查又在全球范围内强化了对中国反倾销的实施效果。1991年中国出口产品第一次遭受反吸收调查，截至2010年底，共有美国、欧盟、土耳其、墨西哥和南非五个国家和地区对中国启动了47起反规避调查和8起反吸收调查，共涉及轻工、机械、化工、冶金等9个行业，尤其在2004年之后的反规避调查呈现出大幅度增长的态势。

在中国遭遇贸易救济调查数量不断增加的同时，涉案金额也在不断攀升。中国遭遇的贸易救济调查涉案金额在2002年仅为8亿美元，2007年涉案金额上升到46亿美元，2008年为62亿美元，到2009年突破了100亿美元。不仅整体涉案金额在上升，单起案件的涉案金额也在不断提高。美国于2009年对中国启动的10起“双反”调查中，有6起的涉案金额超1亿美元。例如，美国对中国石油管材“双反”调查的涉案金额高达26.3亿美元，这也是美国迄今为止涉案金额最高的案件；欧盟对中国热浸镀锌板的反倾销调查涉案金额超过10亿美元，200多家中国企业涉案，是欧盟有史以来对中国反倾销涉案金额最大的一案。2010年，欧盟对中国数据卡启动反倾销、反补贴和保障措施调查，涉案金额高达41亿美元，该案成为国外对中国贸易救济调查历史上涉案金额最高的一起，涉及中国企业1000余家。

（三）贸易救济调查发起者的广泛性与集中性

从1979~1994年、1995~2001年和2002~2010年三个阶段的对比来看，1994年之前，对中国发起贸易救济调查的国家（地区）仅为18个；到2001年增加到31个；截至2010年底已达46个。参见图5-3。与此同时，一些非

WTO 成员也开始对中国出口产品发起贸易救济调查，如俄罗斯、白俄罗斯、哈萨克斯坦、乌兹别克斯坦和海湾合作委员会。2002 年以后，上述 5 个非 WTO 成员不仅对中国启动了反倾销调查，其所发起的保障措施调查也涉及了中国。截至 2010 年底，俄罗斯共对中国发起反倾销调查 7 起、涉及中国的保障措施 9 起、特别保障措施调查 2 起；白俄罗斯发起 2 起涉及中国的保障措施调查；哈萨克斯坦对中国启动 1 起反倾销调查、2 起保障措施调查；乌兹别克斯坦对中国发起 1 起反倾销调查；海湾合作委员会启动了 2 起涉及中国的保障措施调查。

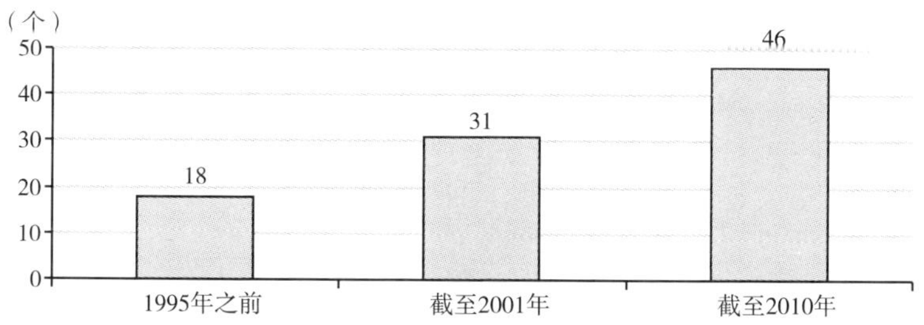

图 5－3　中国遭遇贸易救济调查发起国家（地区）数量阶段分布

尽管中国遭遇的贸易救济调查涉及 46 个国家和地区，但是国家和地区的集中趋势也非常明显，美国、印度、欧盟等国家和地区是对中国贸易救济调查的主要发起者，并且在不同的方式上这些国家和地区各有侧重。例如，由美国（231 起）、印度（177 起）、欧盟（169 起）、土耳其（91 起）和阿根廷（90 起）五个国家和地区对中国发起的贸易救济调查占中国遭遇贸易救济案件总数的 53.5%。但是从具体的方式来看，40% 以上的反倾销调查由美国、欧盟和印度发起，其中美国对中国发起反倾销调查 153 起，欧盟 152 起，印度 147 起，三者合计占全球对中国反倾销调查的 41.8%。从反补贴调查来看，中国遭遇的反补贴调查有 60% 以上由美国发起。自加拿大对中国发起首例反补贴调查以来，共有 6 个国家对中国出口产品启动了反补贴调查手段，其中美国启动 26 起，占比 60.5%，加拿大 10 起，澳大利亚 3 起，欧盟 2 起，印度和南非均为 1 起。参见图 5－4 和图 5－5。

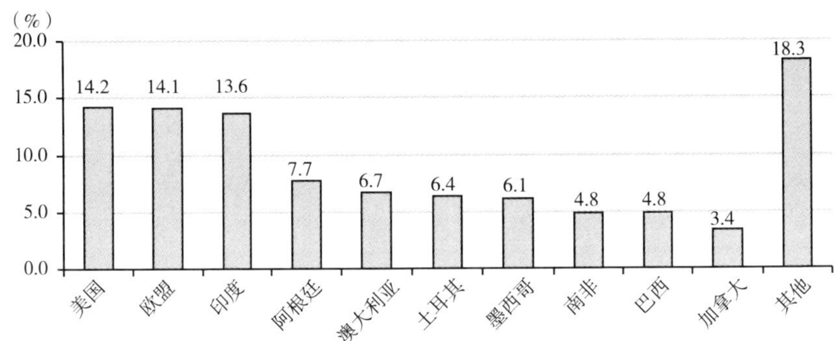

图 5－4　中国遭遇反倾销国别和地区分布情况

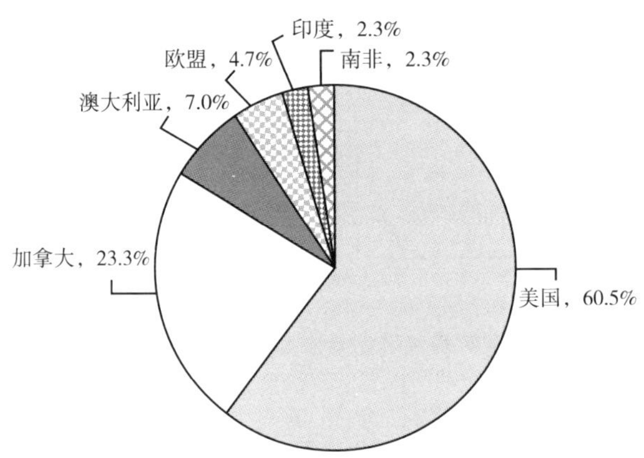

图 5－5　中国遭遇反补贴国别和地区分布情况

除了反倾销和反补贴之外，全球涉及中国的保障措施调查主要由印度和土耳其发起，在全球 209 起涉及中国的保障措施调查中，印度共发起 22 起，其次为土耳其 15 起，约旦 13 起；在涉及中国的特别保障措施调查中，美国共发起 42 起，占中国遭遇特别保障措施总数 49.4%，其次为欧盟 10 起，土耳其和印度均为 7 起，这四个国家和地区启动的特别保障措施调查合计占总数的 77.6%。

在中国遭遇贸易摩擦来源国不断增多的同时，印度、阿根廷等国家对中国的贸易救济调查呈现出明显加速趋势。例如，印度在 1995 年之前仅对中国启动过 4 起反倾销调查，而且在 1995 年之后启动了 143 起，年均约 9 起；阿根廷自 1991 年到 1995 年启动反倾销调查 7 起，而 1995 年之后启动反倾销调查76起，年均约5起。尤其近年来，阿根廷对中国启动的反倾销调查不断增加，2006年阿根廷对中国启动1起反倾销调查，2007年4起，2008年9起，2009年19起，超过美国、欧盟和印度，成为当年对中国启动反倾销调查最多的国家。土耳其从1989年开始对中国发起反倾销调查，在2001年之前仅仅启动了15起，而2001年之后则达到54起，年均约5起。墨西哥、巴西、南非等发展中国家对中国反倾销调查也一直保持较高水平，而且态势平稳。其中，1993年，墨西哥对中国启动22起反倾销调查，创单个国家或地区对中国启动反倾销调查年度最高水平；2008年和2010年，巴西对中国分别启动9起和3起反倾销调查。此外，在209起涉及中国的保障措施中，发展中国家也占据主导地位，共发起147起调查，占比高达70.3%。

（四）贸易救济引发的贸易摩擦行业比较集中

目前，中国具有比较优势的行业，例如化工、轻工等劳动密集型产业是全球对中国贸易救济摩擦的重要领域，这在第四章中国对外贸易摩擦的行业和商品结构中已经有详细的分析，在此不再加以详细论述。

第二节　新型贸易壁垒引发的贸易摩擦分析

20世纪90年代以来，随着经济全球化的发展，一味单边的贸易保护措施不断遭到对象国的报复，隐蔽性较强的技术壁垒如技术标准、质量认证、环境保护与国民健康标准成为最佳的保护方式。尤其是发达国家凭借其科技优势与竞争优势，利用WTO协议的某些例外规定，大肆提高各种技术标准，甚至打着保护人类健康和生态环境的旗号，为贸易保护找到了一条更加实用的途径。因此。随着经济全球化带来国际竞争的日益强化和社会、科学的不断发展，贸易摩擦的方式也在发生结构性的变化，以技术性贸易壁垒为核心的新型贸易摩擦方式在不断发展，成为影响国际贸易发展并引发贸易摩擦的主要因素。

一、技术性贸易壁垒

（一）技术性贸易壁垒概述

技术性贸易壁垒（technical barriers to trade，TBT）是现代国际贸易中商品进口国在实行贸易进口管制时，通过颁布法律、法令、条例、规定，建立技术标准、认证制度、检验制度等方式，对国外进口商品制定苛刻的技术标准、卫生检疫标准、商品包装和标签标准，从而提高进口产品的技术要求，增加进口难度，最终达到限制商品进口目的的一种新兴的贸易保护手段。技术性标准的制定通常以保护环境、维护消费者安全和保障国民身体健康为理由，有助于提高国际贸易中产品的质量。但是，在技术标准的制定和应用过程中却扭曲了技术规则的初衷，在违背 WTO 最惠国待遇和国民待遇原则的前提下，或者不以科学资料和证据为基础，使其成为了实施国际贸易保护的隐蔽性手段，成为引发现代国际贸易摩擦的重要根源。实施技术性贸易壁垒，一方面，进口国不仅通过技术标准本身对进口进行限制，而且多数有关技术标准的条文规定都相当繁杂，并且会随着时代发展经常变化，甚至制定差别的双重标准，使外国商品很难达到标准的要求，成为贸易保护的最直接有效的手段；另一方面，技术标准在执行过程中会引起很大的争议，常常引发复杂而烦琐的技术调查、取证、辩护和裁定等后续程序，导致进口产品的销售成本大大提升，甚至会因为延误交货期限或错过产品销售季节而使产品竞争力降低，乃至失去全部市场，进而间接地起到设置贸易障碍、限制商品进口的作用。

技术性贸易壁垒之所以越来越受到青睐，主要是因为发达国家更倾向于使用技术标准和技术法规的壁垒，不仅能充分利用它们在技术先进、法规完善等方面的优势，还能产生名义上的合法的保护形式。换言之，技术水平的差距决定了设置技术性贸易壁垒的南北差异。发达国家处于技术领先地位，控制了 85% 以上的科技成果，这些技术成果的技术标准也就由发达国家所垄断。主要发达国家早在 20 世纪 60 年代末 70 年代初就认识到技术性贸易壁垒的重要性，1969 年欧共体通过了《消除商品贸易中技术壁垒的一般纲领》，随后美国向 GATT 提出拟定“关于贸易中技术壁垒的协定”的建议，日本则继欧盟和美国之后于 1974 年对标准造成的贸易壁垒进行了全国性调查，近年来主要发达国家则进一步采取了一系列措施通过技术性贸易壁垒来确保本国的贸易利益和产业安全，许多学者指出，技术性贸易壁垒已经成为一种很重要的产业政策工具。[140] 据不完全统计，涉及欧盟的技术性贸易壁垒法律法规多达 300 多件，统一认证体系 9 种，而详细的技术指标、规定则超过 10 万多个；美国的认证体系有 55 种，技术标准和政府采购细则等在内的标准 5 万多个，日本认证体系有 25 种，产业标准近 2 万个。[141] 而发展中国家由于技术上的落后，在技术标准的设定上始终跟随发达国家，而且发展中国家一旦超越了发达国家的技术标准，发达国家就会采用更先进的标准设置贸易障碍。

除了传统的技术性贸易壁垒之外，近年来绿色贸易壁垒逐渐引起各个国家的关注。所谓绿色贸易壁垒是指为保护生态环境而直接或间接采取的限制甚至禁止贸易的措施，主要的内容就包括绿色技术法规和标准、绿色环境标志、绿色包装制度、绿色关税和市场准入四方面内容。绿色壁垒之所以能够成为国际贸易保护的新形式，其根本原因在于工业化的加速致使全球环境污染日趋恶化，甚至已经威胁到人类自身的生存和发展。人们对国际贸易中的环保意识逐渐增强，绿色壁垒在贸易领域中的出现应当说是一种正常现象，也是实现环境与贸易相互协调的必要措施，其内涵是保护生态环境、保持经济可持续发展而设立的贸易措施，以弥补经济发展所导致的资源环境的破坏。但是，绿色壁垒作为协调环境与贸易的必要机制，本身又会体现出环境与贸易的冲突，绿色壁垒往往会被一些国家所利用，成为限制其他国家商品出口的手段，其不合理性、不公平性、歧视性通常成为引发国家间贸易摩擦的主要因素。尤其是发达国家在科学技术上处于领先地位，其制定的强制性技术保护标准往往比较严格，使发展中国家的产品被排除在世界市场之外。就绿色贸易壁垒的措施而言，绿色技术法规和标准、绿色环境标志、绿色包装制度、绿色关税和市场准入其实就是技术性贸易壁垒在环境领域的扩展和延伸，因此，我们可以将绿色贸易壁垒看成是技术性贸易壁垒的一个子集，在以下的分析中将两者统一按照技术性贸易壁垒进行分析。

（二）全球技术性贸易壁垒的发展趋势

目前，国际上技术性贸易措施除了WTO《技术性贸易壁垒协定》（TBT协定）中的技术法规、标准、合格评定程序（TBT措施）外，还包括《关于实施卫生与植物卫生措施协定》（SPS协定）中的动物卫生、植物卫生与食品安全措施（SPS措施）。据统计，20世纪70年代，技术性贸易壁垒在非关税壁垒中的比重为10%～30%，90年代末期上升至45%，目前约占80%。从目前技术性贸易标准主要的发展趋势来看，由于经济全球化和贸易自由化的发展，以技术性贸易壁垒为主的贸易保护主义逐渐抬头，且有愈演愈烈的趋势。从近几年各国技术性贸易壁垒的实施情况看，主要表现在以下三个方面。

1. TBT和SPS通报数量逐年增加且有加速趋势

1995～2010年，共有110个WTO成员提交了12983项技术法规、标准和合格评定程序通报，尽管在不同的年份成员国提交的通报数量呈现一定的波动性，甚至在1998年东南亚金融危机爆发之后，由于全球经济衰退贸易规模下降，由成员所提交的通报数量比往年有所减低，但是总体的发展趋势来看，全球对技术性壁垒的运用日益频繁，尤其是在2004年之后通报数量呈现加速上升趋势，年均增长速度高达14.7%，2009年增幅高达19.1%；SPS通报方面，2002～2010年WTO成员总计发布SPS通报8740项，除了在2005年数量较2004年有所降低之外，其他年份的通报数量一直呈现出明显的上升趋势，2003年和2006年增幅高达34.8%和34.7%，2006年之后，每年由成员提交的SPS通报数量都超过千项，但增加幅度变动不大分别，2007～2009年数量分别为1156项、1165项和1176项，2010年WTO成员提交的SPS通报数量高达1392项，增加幅度高达42.9%。

2. 提交的国别类型较多

1995～2010年，美国提交技术性贸易措施通报数量最多，达到805项，占通报总数的6.2%。其次是中国772项（5.9%）、荷兰618项（4.8%）、日本582项（4.5%）、欧盟546项（4.2%），提交技术性贸易壁垒措施最多的10个WTO成员共提交5716项，占通报总数量的44%。在前10位的成员中，发达国家（地区）5个，共提交3016项，占比23.2%，发展中国家（地区）5 个，提交 2700 项，占比 20.8%；SPS 通报方面，美国提交 2328 项，居各成员之首，占 26.6%，其次是巴西 823 项（9.4%）、加拿大 704 项（8.1%），中国提交 358 项居第六位。参见表 5－3。

表 5－3　1995～2010 年提交技术性贸易壁垒通报前十位成员

国家和地区	数量（项）	比例（%）	国家和地区	数量（项）	比例（%）
美国	805	6.2	以色列	539	4.2
中国	772	5.9	巴西	530	4.1
荷兰	618	4.8	泰国	465	3.6
日本	582	4.5	加拿大	465	3.6
欧盟	546	4.2	韩国	394	3.0

3. 保护人类健康和安全成为通报的主要理由

在各成员提交技术性贸易壁垒措施的理由和目的中，以保护人类健康和安全为理由的 6882 项，占总数的 53%；以防止欺诈行为理由的 2301 项，占总数的 17.7%；以环境保护为理由的 1702 项，占总数的 13.1%。与技术性贸易壁垒相类似，WTO 成员在提交 SPS 通报时需要说明提交的理由或目的，其中的食品安全、植物保护、保护人类免受动/植物有害生物的危害、动物健康和保护国家免受有害生物的其他危害是 5 种最主要的理由或目的，尤其是食品安全在成员通报时被频繁地采用，2002～2010 年以此为理由或目的提交通报 5279 项，占总数量的 60.4%。

（三）中国遭遇技术性贸易壁垒的现状分析

1. 技术性贸易壁垒主要来自欧美日等发达国家

由于欧、美、日、韩是我国最大的贸易伙伴，而且欧、美、日、韩又是实施 TBT 的积极倡导者和绝大多数技术性贸易措施的发源地，因此，技术性贸易壁垒对中国出口造成损失较大的贸易对象主要集中在欧盟、美国、日本和韩国。2009 年，中国出口欧盟、美国、韩国、日本、加拿大非食品产品受阻总计 2824 批次。其中，出口欧盟受阻 1241 批次，占比 44.0%；美国 1089 批次，占比 38.6%；韩国 194 批次，占比 6.7%；加拿大 183 批次，占比 6.5%；日本 117 批次，占比 4.2%。同期，中国出口美国、日本、欧盟、韩国和加拿大的食品受阻总计2298批次。其中，出口美国的食品受阻达1058批次，位居第一位；出口日本的食品受阻304批次，居第二位；出口欧盟的食品受阻226批次，居第三位；出口韩国和加拿大食品受阻分别为609批次和101批次。参见表5-4。

表5-4　　2009年中国食品和非食品出口受阻国别和地区比较

国家		美国	日本	欧盟	韩国	加拿大
非食品	批次	1089	117	1241	194	183
	比例（%）	38.6	4.1	44	6.7	6.5
食品	批次	1058	304	226	609	101
	比例（%）	46	13.2	9.8	26.5	4.4

2. 技术性贸易壁垒影响行业和产品广泛

多年来，中国遭遇技术性贸易壁垒的行业主要集中在轻纺、机电以及农产品等行业。2009年中国出口欧盟、美国、韩国、日本、加拿大非食品产品受阻的2824批次中，轻纺类954批次，占总受阻批次的33.8%，居首位；其次分别为玩具类639批次（22.6%）、机电类599批次（21.2%）、其他类412批次（14.6%）、化工与危险品类150批次（5.3%）、饲料类58批次（2.1%）。同期，中国出口美国、日本、欧盟、韩国和加拿大食品共受阻2298批次，受阻的植物源性产品923批次、动物源性产品849批次、工业食品518批次、动植物产品8批次。其中水产制品受阻最多，共计394批次，占比17.5%；其次分别为蔬菜及其制品209批次（9.1%）、烘烤食品152批次（6.3%）、干果及坚果135批次（5.9%）、其他动物源性产品99批次（4.3%）、植物源性中药材85批次（3.8%）、糖及糖食82批次（3.2%）、水果制品72批次（3.1%）。参见图5-6。

3. 有毒有害物质限量成为主要标准

欧美、日、韩等经济体实施技术性贸易措施最主要的方式是"提高标准""增加检验检疫项目"和"法规变化"，而影响非食品出口的主要技术原因包括有毒有害物质对人类的危害、证书材料不合格、化学物质污染以及产品技术性能等指标；影响中国食品出口的技术性贸易措施主要涉及食品中农兽药残留、食品添加剂、重金属等有害物质限量、细菌等卫生指标，以及加工厂、仓库注册要求等。

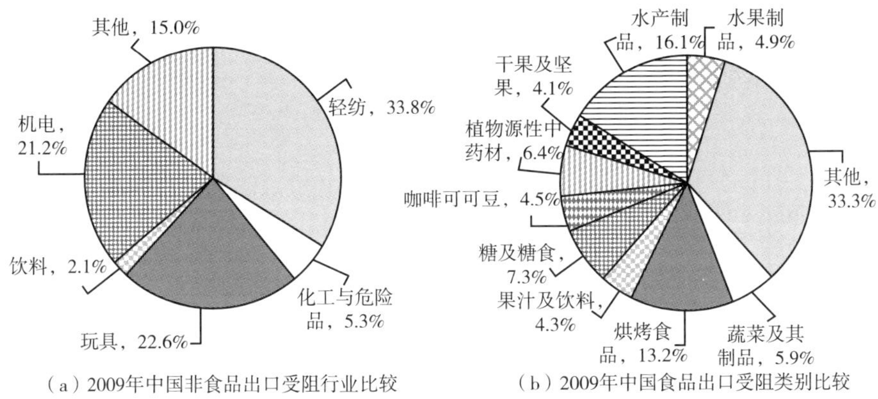

图 5－6　2009 年中国食品和非食品出口受阻产品比较

（四）美国和欧盟对中国产品拒绝、召回情况

1. 美国

目前，美国食品和药品管理局（FDA）和消费品安全委员会（CPSC）是美国技术性贸易措施的主要发起者。2005～2010 年，美国 FDA 拒绝进口中国产品达 15274 批次，占美国拒绝进口产品总批次的 9.8%。纵观美国对中国产品拒绝情况可以看出，尽管美国 FDA 拒绝进口总批次呈下降状态，但是美国拒绝中国产品进口总体却呈现增长态势。2002 年美国 FDA 拒绝进口中国产品 949 批次，排名第六位；2007 年中国被拒绝进口产品达到 1963 批次，首次位居美国拒绝进口产品的首位，其后三年也一直是美国拒绝进口的主要国家。参见表 5－5。中国产品被美国 FDA 拒绝进口的主要原因包括未经注册批准、限量超标、不符合包装、标签和说明的规定、不符合卫生要求等。

表 5－5　美国 FDA 拒绝进口中国产品年度情况

年份	2002	2003	2004	2005	2006	2007	2008	2009	2010
批次	949	1463	1923	1914	1710	1963	1714	1991	1674
占比（%）	5.2	8.4	9.2	9.8	10	12.5	10.3	12.7	11.2
排名	6	3	3	2	3	1	2	1	1

除了 FDA 之外，中国产品被美国 CPSC 召回的通报次数也最多，2006～2010 年共被通报 1124 项，占同期 CPSC 召回通报总数的 58.8%。在召回中国

产品的原因中，主要是产品质量问题给消费者带来伤害危险、铅含量超标、易引发火灾、爆炸等危险等原因。参见图5-7。

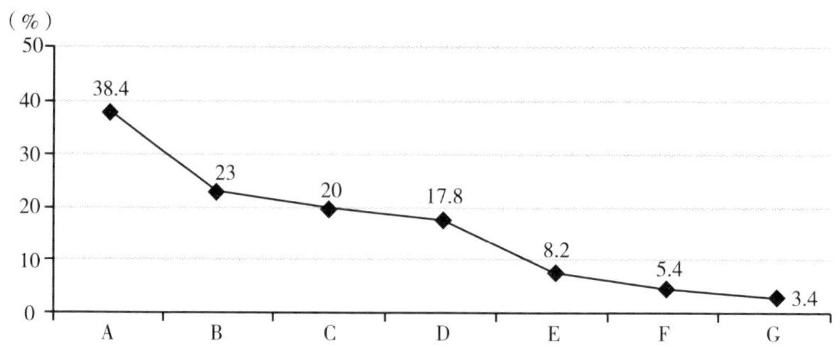

图5-7 2006~2010年美国CPSC召回中国产品通报原因比例

注：A-受伤危险；B-铅含量超标；C-火灾、爆炸等危险；D-窒息、肠梗等危险；E-被勒或被卡危险；F-触电危险；G-其他原因。

2. 欧盟

自欧盟食品及饲料类快速预警系统（RASFF）建立以来，对中国产品的通报数量除了在2009年出现下降之外，一直呈现出增长的态势，2004年仅为158项，2008年增长到500项，五年间增长了3倍，尽管2009年有所下降，但在欧盟通报总数中仍然占有较大的比例。同期，欧盟成员国中经济较为发达的意大利、德国、荷兰和英国是对中国产品发起通报较多的国家，但是经济相对落后的波兰、希腊、斯洛文尼亚等国家也纷纷对中国产品发起通报，这充分说明欧盟整体对食品安全的重视程度在日渐增强。从通报的原因来看，含有霉枝菌素（mycotoxin）、兽药残留超标、食品添加剂、重金属超标及有害物质迁移是通报的主要原因，这也说明欧盟对食品安全的关注非常全面。参见图5-8。

为了限制和预防除食品、药品和医疗器械外所有可能危害消费者健康、安全的消费品销售和使用，欧盟成立了非食品类消费品快速预警系统（RAPEX），自2004年开始中国一直位居欧盟RAPEX通报的首位，在通报总数中所占的比例也呈现逐年增加的趋势。2004年欧盟RAPEX对中国产品发布严重危险通报147项，2006年达到447项，从2007年开始，欧盟RAPEX对中国

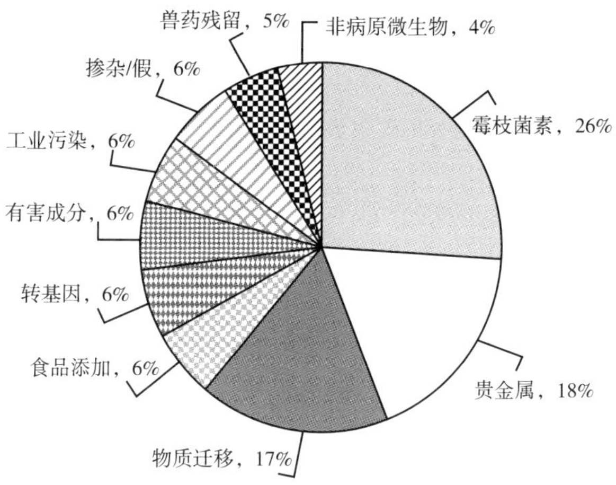

图 5-8　2006～2010 年欧盟 RASFF 对中国产品通报原因情况

产品发布的严重危险通报连续 4 年超过欧盟通报总数的 1/2 以上。欧盟中的西班牙、匈牙利、德国、英国和斯洛伐克是对中国发起通报最为活跃的国家。随着近年来中国产品在欧盟市场上占有的份额不断扩大，中国和欧盟在产品安全上的合作也在加深，双方都加大了对相关产品的监管力度。因此，尽管欧盟 RAPEX 对中国产品的通报数量在增加，但是这并不意味着中国产品质量在下降。

二、知识产权保护

20 世纪 70 年代之后，在发达国家利益需求的主导下，世界知识产权组织（WIPO）推动的国际知识产权公约和协定不断增加，世界对知识产权的保护程度加强。1995 年世界贸易组织成立，由发达成员推动的 TRIPS 协定将知识产权保护扩展到国际贸易、投资、技术转移乃至国际政治领域。虽然许多经济学家和企业家强调知识产权保护对科技创新、技术扩散的积极作用，但是他们也同时指出，TRIPS 对发展中国家的消极影响更为突出。[142][143]中国于 2001 年成为世界贸易组织的正式成员，按加入 WTO 时的承诺将承担在知识产权领域的权利与义务，中国也因此卷入大量的有关知识产权保护的贸易纠纷之中。2005 年 1 月，中国进入 WTO 后保护期不久，英特尔就起诉中国某企业生产的语音卡侵犯其专利，时隔不久日本三洋开始了和中国比亚迪公司关于电池专利的纠纷，随后美国电子娱乐协会的报告指责中国与马来西亚、俄罗斯一起成为全球游戏软件盗版最为严重的国家。目前，美国、欧盟、日本等专利大国和地区的通过知识产权保护对中国企业和产品施加了巨大的压力，也导致我国在海外知识产权纠纷数量不断增加。目前，中国对外贸易中因知识产权产生的贸易摩擦主要来自美国337调查，同时，欧盟和日本也开始对要求中国加强知识产权保护，并不断加大对知识产权的执法力度。

（一）美国337调查与中美贸易摩擦

《美国关税法》“337条款”的立法目的是防止美国产业因进口产品的不公平竞争而受到损害，所谓不公平竞争主要指侵犯美国版权、专利权、商标权和实用新型设计方案等知识产权，但是“337条款”常常被美国滥用并引发贸易摩擦。从1972年4月4日美国首次发起337调查开始，到2010年底，美国共发起337调查756起，涉案国家和地区63个。纵观美国337调查的历史可以发现，经济发展与技术进步迅速并与美国贸易接触频繁的国家或地区，往往也是遭受337调查最多的国家或地区。20世纪70～80年代的日本，90年代的中国台湾地区以及近几年的中国大陆，都是在经济发展到一定水平并开始大量向美国出售技术含量高的产品时，成为美国337调查的主要对象。1972～1989年，美国共发起337调查311起，其中涉及日本78起；20世纪90年代涉及日本的337调查开始减少，1990～1999年美国发起的117起337调查中，涉及中国台湾地区的最多28起；2000～2010年美国发起337调查涉及中国最多，达到121起。

1. 中国是美国337调查的主要目标国

1986年12月29日美国对中国发起首次337调查案件，截至2010年底，涉及中国大案件共132起，占美国1986年之后337调查案件总数的25.5%。其中，1986～1995年美国337调查案件涉及中国的仅3起；1996～2010年这一数字上升到129起。自1995年以后，美国337调查历年均有中国产品涉案，其数量上呈现不断上涨的趋势，尤其是中国加入WTO之后，美国对中国的

337 调查迅速增长，从 2004 年开始年均立案 15 起。在 1986 ~ 2010 年美国将中国企业列为被告的 84 起案件中，共涉及中国 17 个省区市的 200 多家企业，其中广东省由于大量产品出口到美国，成为美国 337 调查最主要的目标，涉及广东省的 337 调查案件高达 30 起。可以预见，随着中国出口贸易额的持续增长，这种情况将会继续延续。

2. 被调查的产品结构不断升级

近年来，美国 337 调查涉及的中国产品主要是一些具有较大市场潜力、附加值或技术含量较高的产品，企图以高昂的应诉代价迫使中国企业放弃或者退出美国市场。1998 年以前，美国对中国的 337 调查以轻工产品为主；1998 年之后，受调查的产品涉及电子、轻工、机械、化工、汽车、冶金、建材、医药等，其中机电产品、计算机设备、网络控制器、半导体芯片、电池等产品成为受美国 337 调查重点关注的对象。1986 ~ 2010 年，在美国对中国产品发起的 337 调查中涉及最多的是电子产品，总计 63 起，占同期美国对中国发起 337 调查总数的 47.7%；其次为轻工产品 35 起，占比 26.5%；机械产品 15 起，占比 11.4%。这一方面表明我国出口产品技术含量在不断升级，客观上在美国市场上构成了与美国国内产业的竞争；另一方面也对我国出口产品结构升级带来了不利的影响。由于 337 调查制裁结果可能覆盖产品生产的整个环节，而且被判侵权的产品会被排除整个美国市场，因此其打击对象针对了整个产业链条。

3. 因专利侵权被起诉的案件最多

在美国对中国启动的 132 起 337 调查案件中，单独因为专利侵权而发起的调查案件高达 114 起，占同期美国对中国 337 调查总数的 86.4%；单独以商标侵权调查的案件 7 起，占比 5.3%；以共同侵犯商标权和其他知识产权调查的案件 3 起，占比 2.3%。从以上数据对比来看，在美国对中国发起的 337 调查案件中，涉及专利侵权的高达 118 起，占比近 90%。可见，中国在国外缺乏发明专利是中国遭受 337 调查的主要原因。参见表 5 - 6。

表 5 - 6　　1986 ~ 2010 年美国 337 调查涉及中国案件立案理由

立案理由	数量（起）	立案理由	数量（起）
专利侵权	114	专利 + 商标 + 著作侵权	1
商标侵权	7	专利 + 著作侵权	2
商标 + 其他知识产权侵权	3	专利 + 商标	1
商业秘密侵权	1	专利 + 商品装潢侵权	1
商标装潢侵权	1	虚假广告	1

4. 应对调查中国企业胜少败多

1986 ~ 2010 年美国发起 132 起涉及中国的 337 调查案件中，已结案的案件 104 起。其中，由美国国际贸易委员会裁定不成立的最多为 18 起，以和解方式结案 15 起，申诉方撤诉以及适用有限排除令的分别为 10 起。除此之外，美国对涉及中国的 337 调查结案方式还包括：同时适用禁止令和有限排除令，单独适用同意令，同时适用和解、同意令、禁止令和有限排除令，同时适用和解和同意令，单独适用普遍排除令。

从美国 337 调查发展的历程来看，337 调查和经济危机相伴相生。1929 年美国经济大萧条导致将“337 条款”写入《1930 年关税法》，20 世纪 70 年代美国经济危机以及贸易逆差使“337 条款”成为新时期贸易保护的重要法律工具。当经济衰退的时候，337 调查就快速增长，而且和经济衰退的程度紧密相关。可以预见，在未来相当长一段时间内，由于美国经济不景气和中国出口的强势增长，中国依然将会是美国最主要的 337 调查的重点目标国。

（二）其他针对中国知识产权的保护措施

从影响范围和影响程度来看，中国对外因知识产权引起的纠纷不但数量上在不断增加，而且涉及范围越来越广泛，知识产权纠纷从打火机、拉链等传统的贸易商品逐渐扩展到生物医药、数码芯片等高科技产业，涉及的产业部门越来越多，同时，国外企业不断通过挑起知识产权纠纷向中国企业所要高额的专利使用费用和赔偿金，使中国企业遭受巨大的经济损失。例如，DVD 曾是中国出口创汇的代表性高科技产业，2000 年由东芝公司、松下电气工业公司、日本胜利公司、三菱电气公司、日立公司和时代华纳组成的 6C 联盟开始与中国 DVD 生产企业正式谈判，并最终于中国电子音像工业协会达成专利许可协议，中国公司每出口一台 DVD 须向 6C 联盟支付 4 美元的专利使用费。2002 年 1 月，中国广东两家企业出口到欧盟的 4000 多台 DVD 被英国和德国海关扣留，中国电子音像工业协会不得不又与由索尼、先锋和飞利浦三家公司组成的 3C 联盟达成协议，中国每出口一台 DVD 须向 3C 联盟支付 1.5 美元的专利使用费。2004 年，汤姆逊公司也开始从中国出口的每台 DVD 中收取 1～1.5 美元的专利使用费。国外专利企业对中国 DVD 收取的专利使用费大幅度增加了中国的制造成本，约占产品总价的 1/4～1/3，使中国 DVD 企业几乎无利可图，导致国内 DVD 生产企业从鼎盛时期的 140 多家锐减到 30 多家。此外，2002 年思科诉讼中国华为公司非法复制软件和侵犯专利权，这也成为我国首起国外 500 强企业就知识产权诉讼本土知名高科技企业的案件。2005 年，欧洲专利费公司向中国涉及 MP3 技术的生产企业收取 2 美元/台的专利使用费，部分具有 MP3 功能的音频产品也牵涉其中。

除了影响范围和影响程度增加，美国和欧盟对知识产权的执法力度也在加大，尤其是中国出口的商品成为海关知识产权监控的重点。从美国海关每年扣押侵犯知识产权商品年度报告看，中国一直位居美国海关扣押商品国家首位，且被扣押商品的国内价值逐年递增。2003～2010 财年，美国海关扣押中国侵权商品的国内价值高达 10.5 亿美元，占同期美国扣押商品总价值的 75%，2008 财年扣押中国产品价值 2.22 亿美元，达到历史最高水平。此外，从欧盟海关发布的侵权商品扣押数据显示，来自中国的产品自 2003 年之后连续成为欧盟海关扣押数量最多的侵权商品，而且位居欧盟扣侵权商品扣押首位的产品类别日益增多。从欧盟海关 2009 年扣押的侵权商品的具体类别分析，中国有 9 类商品居被扣押商品首位，其中护体用品占比 46.81%、服装及其配件占比 72.48%、鞋类产品占比 90.18%、私人配件占比 74.38%、移动电话占比 79.06%、电子/电脑装置占比 81.01%、CD/DVD 及盒装磁带占比 34.58%、香烟产品占比 68.30% 以及其他产品（包括小器械、办公用品、打火机、纺织品、包装材料等）占比 92.34%；另外，两类产品并列第二，即玩具及游戏（31.77%）和医疗产品（22.60%）；一类产品位居第四，即食品和饮料（5.07%）。

总之，知识产权壁垒导致的贸易摩擦将成为我国对外贸易摩擦的主要形式，而且正在从美国一国向美、日、欧、韩等多个发达国家和地区发展，从劳动密集型产品向高科技产品发展，从企业纠纷向产权制度层面发展，摩擦形式也由企业策略向国家战略转变。但是，知识产权摩擦的发展，其原因并不在于知识产权侵权本身，而在于与其相伴随的国际贸易利益。

第三节　其他贸易摩擦方式分析

一、贸易平衡问题

（一）中国贸易顺差与全球贸易失衡

改革开放以来，中国实现了对外贸易的跨越式发展，对外贸易总量跻身世界前列，已经是世界第一大出口国和第二大进口国。根据世界银行计算，2002～2010 年中国在世界 GDP 中的比重持续增加，中国对世界 GDP 增量的贡献率从 2003 年的 4.6% 增长到 2009 年的 14.5%，成为全球第二大经济体和第一大贡献国。尤其是 2009 年，在全球贸易下降 12.9% 的情况下，中国进口量增长 2.8%，进口值仍然超过 1 万亿美元，是主要经济体中唯一进口呈现增长的国家，成为世界第二大进口国，为全球经济复苏做出了重要贡献。中国对外贸易的快速发展也为中国带来了巨额的贸易顺差，国家外汇管理局数据显示，2005 年中国货物贸易顺差首次突破 1000 亿美元，此后持续大幅攀升。2015 年中国货物贸易顺差达到 5762 亿美元的历史高点，此后逐渐收窄。2016 年和 2017 年，中国货物贸易顺差分别为 4889 亿美元和 4761 亿美元，比上年分别下降 15.2% 和 2.6%。由于经常账户与贸易关系最为密切，从经常账户的对比可以看出中国对外贸易不平衡所隐藏的贸易摩擦风险。参见表 5－7。

表 5－7　　全球主要经济体经常账户余额比较　　单位：亿美元

年份	中国	美国	巴西	俄罗斯	印度	日本
2001	174	－3987	－232	321	14	862
2002	354	－4508	－76	275	71	1089
2003	431	－5187	42	331	88	1394
2004	689	－6316	117	586	8	1820
2005	1324	－7452	140	844	－103	1701
2006	2318	－8060	136	923	－93	1747
2007	3532	－7110	16	722	－81	2117
2008	4206	－6814	－282	1039	－310	1421
2009	2433	－3725	－243	504	－262	1457
2010	2378	－4307	－758	675	－545	2209
2011	1361	－4446	－770	973	－625	1296
2012	2154	－4262	－741	713	－915	601
2013	1482	－3495	－748	334	－491	464
2014	2360	－3738	－1042	575	－273	364
2015	3042	－4346	－594	688	－225	1341
2016	1964	－4517	－235	255	－121	1873

资料来源：WTO. Data. Current account balance. 2018.

从主要经济体的经常账户余额对比来看，中国的经常账户余额反映了现阶段中国的国际分工地位。目前，凭借大量廉价的劳动力资源在工业制成品加工组装环节形成了巨大的竞争优势，中国也因此成为世界主要的工业品生产国和出口国，每年有大量的工业品在中国加工并销往美国、欧盟等市场。由于中国参与国际分工的深化和全球产业的转移，日本、韩国、新加坡等国家以及中国台湾、中国香港等地区原有的劳动密集型加工环节大量地向中国内地转移，这就导致这些国家和地区对美国、欧盟等的贸易顺差也随之变成中国对欧美的顺差。本来贸易盈余本身并不一定意味着获得了真实的贸易利益，但是，在国内政治利益团体内部，将国内产业和就业等问题转嫁给贸易伙伴通常是最经济方便的选择，于是中国的贸易顺差问题就经常成为欧美等贸易伙伴发起贸易摩擦的理由。

（二）贸易失衡与人民币汇率之争

在全球贸易失衡的大背景下，中美贸易失衡问题处于中心位置，作为美国最大的顺差国和最大的债权国，美国不断就中美贸易平衡问题指责中国。美国政府不断地利用贸易失衡问题提出各种反华方案，认为中美贸易失衡不仅是美国巨额经常项目赤字的主要因素，而且是造成美国国内高失业率的主要根源，提出对中国应当实行经济制裁，美国的各种利益集团以美国对华贸易逆差为由，多次组织有关中国问题的听证会，向美国政府施压以对中国采取强硬措施，以达到削弱中国产品竞争力、保护其弱势产业发展的目的。更为重要的是，中美贸易失衡使得人民币汇率问题一直都成为中美贸易摩擦的焦点。

1. 人民币汇率问题的回顾

美国政府不断指责中国一直在通过市场干预维持人民币的低汇率水平，中国的汇率政策导致了中国出口美国的商品更加廉价，尤其是伤害了纺织服装、家具、机械设备等制造业部门的利益，迫使他们面临来自中国低成本产品的竞争，使美国的就业状况持续恶化，并导致了中美贸易不平衡的加剧。2003 年美国财长斯诺访华拉开了中美汇率之争的序幕，同年，时任美国总统布什要求中国政府让人民币汇率由市场自发调节，2004 年美国甚至威胁将中国列为“汇率操纵国”，2005 年美国财政部在其发布的《国际经济与汇率政策评估报告》中声称，如果除中国不对人民币汇率政策做出合理性的调整，美国将会把中国列入操纵汇率的贸易伙伴名单。2005 年 7 月 21 日，中国遵循主动性、可控性、渐进性原则，开始了对人民币汇率形成机制的调整。尽管如此，美国通过人民币汇率问题向中国施加压力的行为并没有缓解。2006 年 3 月，美国两位参议员各提交议案，声称要对汇率操纵行为给予严厉打击；2007 年 7 月底 8 月初，在短短的一周之内，两个关于人民币汇率的提案被美国参议院两个委员会通过。尽管这些提案最终没有付诸实践，但是这些威胁都是美国在中美经贸关系中向中国施压的重要方式。2009 年下半年，世界经济刚刚开始从金融危机中逐步复苏，美国经济学家克鲁格曼就对中国的汇率政策提出指责，认为中国对美国巨额的贸易顺差是操纵人民币汇率的结果。同时，美国为转嫁国内危机对中国的贸易保护不断升级，人民币汇率在金融危机中面临着巨大的升值压力。2010 年 3 月 15 日，美国 130 名议员联名要求人民币对美元升值；4 月 3 日，美国再对中国提出汇率操纵国威胁；9 月 29 日，美国众议院通过了《汇率改革促进公平贸易法案》，其主要目的是对所谓低估本币汇率的国家征收特别关税，中国成为主要的针对目标。可以预见，在当前国际经济后危机时代缓慢调整的过程中，人民币汇率将会成为中美贸易摩擦的焦点。

2. 人民币汇率问题的本质

人民币汇率升值不仅不可能解决美国贸易逆差问题，也不可能大幅促进美国就业增长。从统计数据来看，2005 ~ 2008 年，人民币对美元累计升值 21. 1%，同期美国对中国逆差年均增长 21. 6%，也是历史上规模最大、增长最快的时期。相反，2009 年人民币对美元汇率保持稳定，而美国对华贸易逆差反而下降了 16. 1%。美国之所以不断就人民币汇率向中国施加压力，其根本原因在于人民币汇率问题是中美经贸关系政治化的集中体现，因为美国庞大的经常项目赤字已经成为国内重大政治问题，而通过国内紧缩政策来调节经常项目失衡则会受到美国民众的反对，于是美国政府就会优先考虑美元贬值的汇率政策，而在人民币盯住美元或人民币参考一篮子货币而美元在其中占最大权重的时候，要实现美元要贬值，需要先让人民币对美元大幅升值，以此来缓解美国主要贸易伙伴面临的压力。另外，让人民币对美元大幅升值，一方面可以让以此为目标的政治家得到多方利益集团的支持，另一方面由于目标易量化，容易成为他们的政治资本。因此，人民币汇率问题在事实上已经成为中美经贸关系政治化的集中反映。

二、气候变化问题

2009 年 12 月 7 ~ 18 日，在丹麦首都哥本哈根召开了联合国全球气候变化大会，目的在于减少温室气体的排放，限制全球气温上升。会议的焦点在于全球减排目标、标准，各经济体的具体承诺，以及富国对穷国的减排资金援助。哥本哈根会议之后，气候变化成为贸易摩擦的新议题，西方发达国家纷纷将矛头指向中国，围绕着气候变化的贸易摩擦成为新的热点。并且在传统的贸易摩擦方式之外，已经开始出现具有更加隐蔽性、战略性和针对性的贸易保护方式，碳关税就是其中的最为主要的代表形式。

所谓碳关税，是指对高耗能的产品进口征收特别的二氧化碳排放关税。主要针对进口产品中的碳排放密集型产品，如铝、钢铁、水泥、玻璃制品等产品而进行的关税征收。从形式上看，碳关税的目的在于减少二氧化碳排放、阻止全球变暖。但是，在实质上碳关税已经成为一种新的贸易壁垒形式，是发达国家为了自身利益而限制其他国家发展的新措施。例如，发展中国家要购买先进减排设备和技术需要向发达国家支付高额费用，碳关税的征收也会增加出口国产品的成本，削弱中国、印度、巴西等发展中国家产品的竞争力，发达国家还可以依靠科学技术上的优势利用碳排放标准遏制新兴经济体国家的崛起。2009 年 6 月底，美国众议院通过了《美国清洁能源安全法案》，该法案提出美国如果没有加入相关国际多边协议，美国总统将自 2020 年起拥有对来自未采取措施减排温室气体国家的钢铁、水泥、玻璃、纸张等产品采取“边境调节”措施的权利，也就是说可以对这些产品征收碳关税；2008 年 11 月 19 日，欧盟议会和欧盟委员会便通过新法案决定将国际航空业纳入欧盟碳排放交易系统之中，并于 2012 年 1 月 1 日起开始实施。

中国目前是世界碳排放量最大的国家，碳排放的很大一部分来自发达国家和地区对中国的碳转移。欧美等发达国家和地区在产业升级过程中将大量低附加值、高污染、高耗能的产业或是产业的低端制造环节转移到中国，而这些产业又成为中国在国际市场上具有竞争力的产业，于是中国的碳排放量和出口量呈现出高度正相关，这也意味着中国出口高碳强度和高能耗加工产品，承担了生产和加工这些产品的全部排放成本。尽管中国历史累积排放量较低，而且人均近 6 吨的排放量比起加拿大、美国、澳大利亚这些人均 20 吨的国家相对较少。但是，不可否认的一个事实是，中国人均碳排放量已经超过了世界人均不到 5 吨的水平，因此中国也面临着国际社会在碳排放上的巨大压力。目前，发达国家正试图通过碳关税和碳足迹、食物运送里程、二氧化碳可视化制度等有关低碳经济的技术规则和标准来引导贸易规则向有利于他们利益的方向演化，如果欧盟、美国等国家和地区联合起来对中国征收碳关税，并且实施有关低碳经济方面的技术规则和标准，将使中国承担繁重的减排责任，中国出口企业也将会因此而面临着更加被动和困难的局面，甚至在整体上恶化中国的对外贸易环境和贸易条件。除此之外，碳交易的兴起也给中国未来的发展带来了严峻的挑战。《京都议定书》制定了由发展中国家与发达国家基于环保项目合作的清洁发展机制（CDM），于是“碳交易市场”在全球范围内逐渐兴起。根据《京都议定书》，并非所有的国家都有强制性的减排义务，所有国家被分为附录1缔约方和非附录1缔约方，前者主要指工业化国家及一些转型中的经济体，后者主要指发展中国家。根据规定，附录1缔约方国家有明确的减排标准，而非附录1缔约方国家，即发展中国家，在2012年前的第一个承诺期中不承担减排义务，没有明确的减排标准，即只能通过CDM参与，而在CDM中发展中国家不是交易主体，所以没有定价权。由于《京都议定书》在2012年到期，之后进入“后京都时代”。所谓“后京都”的最大特征就是发展中国家将承担起一定的减排温室气体责任。中国作为碳排放大国被迫接受强制减排的义务。也就是说，中国有可能会在尚未完成工业化的时候，就被迫提前进入“买碳”国家的行列。另外，CDM机制意味着中国在技术引进的过程中，将会形成一种“碳排放换技术”的引进机制，在这种机制下，发达国家向中国输入储备已久的环保、节能技术，通过对中国市场的占领形成产业标准和技术垄断，中国企业如果未来发展自主环保技术，就会面临非常被动和不利的局面。因此，由气候变化引发的碳关税等问题将成为中国遭遇贸易摩擦的隐患。

三、贸易救济措施组合

（一）“双反”调查

反倾销措施和反补贴措施同时使用，即俗称的“双反”调查，它打破了以往反补贴措施不适用于"非市场经济国家"的惯例，成为近年来各国对中国贸易救济措施的新形式。据相关数据统计，2004 年加拿大第一次对中国出口的烧烤架发起"双反"调查，截至 2009 年底，中国遭遇"双反"调查 38 起，其中由美国发起"双反"调查 24 起，成为对中国发起"双反"调查最多的国家。2006 年 10 月，New Page 纸业公司向美国商务部和国际贸易委员会提出申请，要求其对原产于中国的铜版纸进行"双反"调查，同年 11 月，美国商务部对原产于中国的铜版纸启动了"双反"调查程序，这也是美国在未承认中国市场经济地位的前提下第一次对中国的出口产品发起反补贴调查，引起了相关方面的广泛关注。2007 年 10 月，美国商务部作出终裁，裁定中国企业的倾销幅度为 21.12% ~99.65%，补贴率为 7.4% ~44.25%，美国商务部的裁决标志着美国对"非市场经济国家"不适用反补贴政策的惯例发生了的重大转变。同年 11 月，美国国际贸易委员会作出最终裁定，由于中国铜版纸未对美国国内相关产业造成实质性损害或威胁，因此不对中国出口的铜版纸征收反倾销税和反补贴税。"铜版纸案"成为对"非市场经济国家"适用反补贴法的新判例，为美国对"非市场经济国家"适用反补贴调查提供了依据。

针对美国的"双反"调查，中国也开始积极运用 WTO 争端解决机制予以应对。例如，2008 年 9 月 19 日，中国就美国对标准钢管、矩形钢管、复合编织袋和非公路用轮胎四种中国出口商品采取的反补贴和反倾销措施，提起了 WTO 争端解决项下的磋商请求。2011 年 3 月，世界贸易组织上诉机构发布"美国对来自中国某些产品最终反倾销和反补贴税措施"裁决报告，认定美国采取的"双重救济"做法违反 WTO 相关规则，并督促美国认真遵守 WTO 的规则并切实履行相关义务。尽管中国通过运用 WTO 争端解决机制，在一定程度上遏制了"双反"措施滥用。但是，美国对中国发起"双反"调查的势头仍然强劲，2011 年 10 月 19 日，美国 Solar World Industries America Inc 公司向美国国际贸易委员会和美国商务部提出申请，要求对中国出口的太阳能电池（板）进行反倾销和反补贴调查，这是中国清洁能源首次遭遇美国"双反"调查，这也意味着未来美国的贸易保护还将更加密集，且有可能会集中在我国包括高端制造在内的新兴产业领域。

（二）反倾销、反倾销与保障措施共用

2010 年 6 月 30 日，欧盟对中国数据卡同时发起反倾销及保障措施调查；同年 9 月 16 日，欧盟委员会再次对中国数据卡产品发起反补贴调查。比利时无线网络设备生产商 Option 公司认为，中国华为公司和中兴通讯等竞争对手得到了中国政府的非法补贴，补贴形式包括企业所得税减免、优惠贷款以及特殊经济区和工业园等提供的地方优惠政策等。欧盟发起的三种调查所针对的同一产品涉及中国企业 1000 多家，涉案的出口金额高达约 41 亿美元，是迄今中国遭遇涉案金额最大的贸易救济调查。这也是欧盟首次对同一产品同时进行反倾销、反补贴、保障措施调查，这种做法在世界贸易组织成员方的贸易救济实践中极为罕见。尽管 2010 年 10 月底申诉方和中国企业达成合作和解协议后提出撤诉，欧盟委员会于 2011 年 1 月 25 日终止了对中国出口欧无线数据卡产品保障措施调查，并与同年 3 月 3 日终止该案的反倾销和反补贴调查。可以说，欧盟对中国数据卡“两反一保”将对中国应对新形式贸易摩擦产生深远的影响。

本章小结

从中国遭遇贸易救济调查的具体方式来看，反倾销调查在全部贸易救济调查中的比例超过了 75%，是四种贸易救济调查形式的主要手段。然而，从增长的速度来看，全球对中国的反补贴、保障措施和特别保障措施的使用频率却在不断加速，中国出口产品已经连续 5 年成为全球反补贴措施的最大受害者。因此，尽管反倾销案件的总数在不断地增加，但是反倾销在全部贸易救济调查中的比例却在下降。从中国遭遇的新型贸易摩擦方式来看，由于欧、美、日是我国最大的贸易伙伴，而且欧、美、日又是实施技术性贸易壁垒的积极倡导者和绝大多数技术性贸易措施的发源地，因此，技术性贸易壁垒对中国出口造成较大损失的贸易对象国主要集中在欧盟、美国、日本等少数发达国家和地区，遭遇技术性贸易壁垒的行业主要集中在轻纺、机电以及农产

品等行业；在知识产权保护方面，中国在 21 世纪取代了日本等成为美国 337 调查的主要受害国，而中国企业对外知识产权纠纷和欧美海关执法力度加大都使得知识产权壁垒对中国出口产品的影响程度不断加深。除此之外，贸易平衡问题、气候变化问题、“双反”调查等贸易救济手段的组合等都成为中国遭遇贸易摩擦的新形式。

第六章 中国应对贸易摩擦的战略与措施

加入 WTO 之后，对外贸易尤其是出口贸易的飞速增长，为中国经济持续快速发展作出了重要贡献。随着贸易规模的扩大和综合经济实力的提升，中国对世界经济与贸易格局产生了深远的影响，对原有的经济秩序带来了冲击和挑战。国际经济利益格局的变化不可避免地会导致国家利益的冲突，这种冲突在很大程度上以贸易摩擦的方式表现出来，所以说中国频繁遭遇贸易摩擦是由贸易大国走向贸易强国过程中必然伴随的现象，而且这种现象将在较长时期内存在。这其中的原因既包括全球贸易保护主义加剧和“中国威胁论”等国际因素，也有中国自身的原因，例如，对外贸易依存度较高、出口规模和贸易顺差增长较快，出口市场、产品、方式等结构不合理，技术水平及技术标准低、国内市场经济不完善等，这些都是影响中国遭遇贸易摩擦的重要因素。因此，中国在面对日益加剧的贸易保护主义和频繁发起的贸易摩擦时，除了合理利用 WTO 规则积极应对、妥善处理贸易摩擦外，还应通过经济发展战略与贸易政策的调整，消除引发贸易摩擦的自身原因，从根本上减少贸易摩擦的隐患。因此，中国在应对贸易摩擦的加剧和变化方面，应从整体的宏观战略和针对各种结构问题的具体策略两个方面入手，建立应对贸易摩擦的综合性策略体系，为中国对外贸易持续健康发展创造良好的内外环境。

第一节 中国应对贸易摩擦的战略

一、坚持深化改革开放

目前，中国已经成为名副其实的货物贸易大国，但是以贸易条件改善、贸易结构以高科技产品为主、贸易主体是内资企业、贸易内容以服务贸易为主、不追求贸易顺差、拥有自主品牌、贸易市场分散化等贸易强国指标体系为参照，中国距离真正的贸易强国还有很大的差距。[144]贸易弱国在多边贸易体制中则处于弱势，缺少在国际经济事务中的话语权和主导权。因此，中国只有积极利用多边贸易合作机制，加快自身由贸易大国向贸易强国的转变，才能改变在国际经济领域受歧视的状态。在前面的分析中曾指出，当前中国遭遇贸易摩擦既有必然性，也有合理性，如果应对得当贸易摩擦甚至能转变成中国贸易以及经济发展的外在驱动力。以日本为例，日本在 20 世纪中后期加入 GATT 后，对外贸易规模不断扩大，于是日本与美国之间的贸易摩擦不断激化，摩擦的领域从 60 年代的纺织品到 70 年代的半导体，再到 80 年代的汽车，贸易摩擦的结构也在不断升级，导致日本国内产业结构和对外贸易结构也在压力下不断提升，对外直接投资也不断增加，日本也因此跻身世界发达国家行列。[145]

（一）深化经济体制改革

1. 完善社会主义市场经济体制

目前，中国正处于转型期，中国的社会主义市场经济体制还不够完善，与西方国家成熟的市场经济存在差异，这使一些发达国家不把中国视为长久的可依赖的贸易伙伴。很多国家还没有承认中国的市场经济地位，这在一定程度上影响了中外贸易合作的深度和广度，这种制度上的差距也成为中国遭遇贸易摩擦的主要诱因。中国社会主义市场经济体制建设的目标与 WTO 目标一致，即致力于建立一个“开放、公平、无扭曲竞争”的市场体系。因此，在深化经济体制改革过程中，应当完善市场制度安排，即建立公平竞争的贸易体制，减少政府对市场的不必要干预，推动企业成为真正的市场竞争主体；认真执行国民待遇原则，促进国内外企业和产品在世界市场上展开公平的竞争，维护有序的市场竞争秩序；发挥行业协会等市场中介组织的作用，维护有序的竞争环境，保障有序的进出口秩序和外贸环境；继续深化经济体制改革，完善社会主义市场经济体制，缩小与西方市场经济国家在市场机制上的差距，尽快争取更多的国家承认中国的市场经济地位。

2. 深化国内分工与合作

中国经历了30多年渐进式的经济改革，在整体上保证了政治、经济与社会的稳定，但同时也滋生了地方保护主义，导致了国内市场关系分割与分工合作不够的经济后果，例如，在国内的许多部门存在投资过度，各地方政府通过人为地设立贸易壁垒来保护当地企业，造成国内市场分割、资源浪费严重、整体经济效益低下；在对外贸易上竞相鼓励出口，出口的恶性竞争使得中国贸易条件恶化，引起国外保护主义的兴起；在市场分割的条件下企业规模经济难以实现，地区聚集效应与外部经济效应难以发挥。市场分割与扭曲在一定程度上降低了中国在对外开放中应得的福利，国内分工合作不够又使得贸易增长只能是粗放型的局部力量的总和，很难形成一种综合、系统的增长机制，甚至导致WTO规则在各地区的执行发生变异。[146]在深化国内分工与合作的过程中，最重要的是要转变政府的职能，确保政策制定和实施的透明度，确保经济贸易政策的稳定性、可预见性和可操作性，确保公平竞争，一方面，政府经济部门要从重审批、重管理转向重监督、重服务，消除地方保护主义，降低制度不完善造成的障碍，降低管理成本和交易成本；另一方面，政府要加强服务功能，包括本地区基础设施的建设与服务、国内外信息的及时收集与发布、对中小企业及落后地区的扶植以及协调政府与企业之间的关系等。

总之，进一步深化经济体制改革，尽快完成国有企业改革，抓紧财税、金融、价格和行政管理体制的改革，加强国内地区之间的分工与合作，是消除可能诱发国际贸易摩擦因素的重要途径。

（二）扩大对外开放

1. 承担相应的 WTO 义务

中国加入 WTO 之后，在履行相关承诺方面总体上做得较好，也得到各方的一致认同。例如，中国在“入世”之后平均关税水平从 15.3% 下降到 2007 年的 9.8%，农产品平均关税从 23.2% 下降到 15.2%，工业品平均关税从 14.8% 下降至 8.95%；绝大部分产品的配额和数量限制措施已经被取消，开放的服务贸易部门 100 多个，几乎达到发达国家的平均水平。另外，在知识产权法规完善，各级政府信息公开和政务公平上也做了大量的相应工作，基本达到了 WTO 相关的要求。但是，中国在履行“入世”承诺方面仍存在一定的问题，尤其是在服务贸易和知识产权保护领域，缺乏有效的知识产权执行制度，服务贸易的决策和管理不透明等，这也是中国面临的贸易摩擦增长最快、摩擦最激烈、摩擦风险最高的领域。对此，中国应加大这方面的执行力度，恪守“入世”承诺，承担相应的 WTO 义务。一方面，加快服务业的开放，打破行业垄断，强化市场竞争，提高服务效率，提升服务业整体水平，形成货物贸易与服务贸易的良性互动。另一方面，既要按 WTO 要求加强知识产权保护，又要制定配套措施促进国内企业创新和国外先进技术的转让与扩散，建立国家知识产权战略体系，改革科技创新的激励机制，支持企业的核心技术开发和自主品牌建设。

2. 加强国内外政策措施的协调

第一，加强贸易政策与投资政策的协调配合。经济全球化的发展使直接投资与国际贸易的联系日益紧密。中国已成为国际直接投资的主要对象，外资对中国经济增长也起到了重要的推动作用。但是，外商直接投资也挤占了国内企业的出口，创造了巨额贸易顺差，成为中国遭遇贸易摩擦的诱因。因此，外资政策要与贸易政策相配合，促进外资对高新技术产业和战略性产业的投资与技术转移，在引进外资时要有一定的选择，并取消外资企业的“超国民待遇”，使其与内资企业公平竞争。

第二，知识产权政策与竞争政策相配合。知识产权保护的滥用阻碍了科技创新、降低了技术扩散、危害了世界整体的技术进步与经济发展。在对外开放的过程中，中国应完善相关法规，加强执法能力，制裁滥用知识产权发起贸易摩擦的行为，降低知识产权保护的负面作用。

第三，与国际政策的协调与配合。重点加强技术性贸易措施的国际协调和国际货币政策合作。加强国内技术性措施体系建设，注重与国际技术标准与法规的协调，建立与国际接轨的技术标准与法规体系，根据国际标准与法规的发展趋势，加大对卫生法规与标准建设。同时，积极推行国际认证，按国际通行规则建立质量认证体系。国际货币政策合作方面，加强与美国等发达国家和地区在汇率政策方面的合作，构建有效的汇率形成机制，对人民币汇率给予合理定位，稳步推进人民币汇率机制改革，最终建立市场决定的较灵活的汇率机制。

总之，中国应积极深化对外开放的程度，通过履行“入世”承诺、承担相应 WTO 义务和加强国内外政策措施的配合与协调，使中国能尽快地融入世界经济之中。

二、促进国民经济内外均衡发展

中国对外贸易依存度较高，容易引起其他国家的贸易报复，协调国民经济内外均衡发展是从根本上解决贸易摩擦的重要途径。

（一）扩大内需

迈克尔·波特在他的国家竞争优势理论中特别强调了国内需求对于国家竞争优势的巨大作用，这对于中国这个国内需求严重不足的国家具有重要的启发意义。正是由于国内消费需求不足，市场竞争异常激烈，许多中国企业才瞄准了国际市场，尤其是那些技术含量少、产品附加值低的劳动密集型产品，凭借其低成本优势迅速占领国外市场，成为国外对中国发起贸易摩擦的主要原因。扩大内需就要启动国内居民生活消费需要。根据国际经济发展的经验，当人均 GDP 达到 1000 美元时，居民消费率大约为 61%，但是，中国居民消费率一直在 53% 以下。居民消费率较低与中国工资收入增长较慢有关，相关统计数据显示，中国工资收入占全部 GDP 的比重在不断下降，目前仅略高于10%，美国制造业工人的平均工资水平是中国的27倍，日本是中国的30倍。[147]因此，提高居民的消费水平就需要保证居民收入能够保持在一定的水平并随着经济的发展而不断提高，在发展农业生产，提高农民收入的基础上，开发农村的消费市场，逐步提高农村的消费水平。另外，消费率低与消费能力和信心不足有关，中国当前收入分配差距扩大的趋势没有根本改变，养老、医疗、教育等社会保障体系不完善制约了消费水平的提高。这就需要进一步完善社会保障体系和社会分配制度。国内需求的提升会减少企业对国际市场的严重依赖，从而降低遭遇贸易摩擦的风险。

（二）提升对外贸易发展水平

1. 优化出口产品结构

目前，中国出口的产品以附加值低的劳动密集型产品为主，容易引起反倾销等价格或数量型限制的贸易摩擦。其实早在1995年中国机电产品出口首次超过纺织服装产品成为最大类出口产品，表明中国出口的产品结构从劳动密集型向资本技术密集型转变，但是，在资本技术密集型产品中，真正高技术含量高、高附加值产品的比重仍然偏低。而且机电、纺织品等产品出口存在与发展中国家的激烈竞争，长期大量出口将会对发展中国家的利益造成影响，进而引发贸易摩擦。这就需要在战略上继续推进科技兴贸战略，加强国家的整体创新能力，扩大科技创新对出口增长的促进作用，提升高科技产业国际竞争力水平，针对国际市场的高端需求，优化出口产品结构，提高出口产品的档次和质量，减少贸易摩擦的发生。

2. 实行市场多元化战略

20世纪90年代以来，中国推行的“市场多元化”战略产生了一定的积极效果，市场多元化战略与中国促进全民开放、参与世界经济一体化的发展目标相一致，这说明中国对外贸易的发展方向是正确的，在实施市场多远化战略的过程中，既促进了中国和各国经济的发展，又促进了中国与各国政治的友好往来，市场多元化战略使中国对外贸易的集中度有所下降，有利于减少贸易摩擦的风险。[121]但是，中国目前的外部市场集中度仍然较高，遭遇的贸易摩擦也主要来自美国、欧盟、日本等主要贸易伙伴国，以及印度、墨西哥等在欧美主要贸易伙伴国市场存在激烈竞争关系的国家。因此，中国当前要继续实行市场多元化战略，实现贸易摩擦风险的分散化，以实现中国对外贸易发展的安全与稳定。

3. 实现适度的进出口平衡

以国际收支和进出口基本平衡为目标，适当扩大进口规模，减少贸易不平衡的压力。一方面，鼓励国内企业增加能源、原材料、先进技术和设备的进口，尤其是对于国内短缺、长期依赖进口的重要能源和资源性产品，适当增加进口以充实国家重要商品储备；而且，进口国内急需或缺少的原材料和技术装备，可借助进口的先进技术及装备，推动国内产业和产品的升级换代。另一方面，力促美欧放弃对我国高科技产品出口的歧视性政策。这就要与美欧处理好外交关系，构筑建设性伙伴关系，并做好美欧高技术企业的工作，通过这些企业向其政府施加压力，放宽对我国出口高技术产品的限制，满足中国对高级材料、航空航天、生物技术、电子技术、先进装备、信息通信、生命科学、原子能技术、光电子技术等产品的进口需求。

三、构建贸易利益平衡机制

前文的分析曾经指出，经济发展的非均衡性是产生贸易摩擦的一个主要原因，而贸易的不平衡发展又会进一步强化经济发展的非均衡性。因此，制定一些专门针对贸易的政策措施，对贸易的利益进行有效平衡，是解决贸易摩擦的新型方案。目前，已有发达国家制定了平衡贸易利益的政策措施，试图有效化解贸易可能带来的负面影响。而且，按照贸易摩擦的制度分析理论，国家之间制度上的差异会影响到生产成本和交易成本，进而使得一国的竞争优势结构发生改变，从而增大国家间贸易开展的阻力，影响国家之间的贸易关系，成为贸易摩擦发生的主要诱因。反过来看，通过合理的制度构建和机制设计来应对贸易摩擦，构建贸易利益平衡机制就成为化解贸易摩擦的有效方式，这也为中国解决当前贸易摩擦问题提供了可行的思路。

（一）与贸易伙伴共同构建利益平衡机制

在对外贸易中，应与贸易伙伴建立一个贸易利益平衡机制，通过贸易使双方国家整体上都受益。同时，针对各个具体经济主体的获益份额并不相同，可以考虑到贸易伙伴的现实困难，就贸易摩擦较多的行业进行相互投资、共同开发、技术资金援助等，平衡贸易伙伴内部各利益主体的经济诉求，必要时可以直接给予援助。例如，对于非洲贸易伙伴，可以直接给以援助，以缓和与中国企业的贸易摩擦。利益平衡机制的构建，一方面可以为国内出口企业节约成本，促使其合理地开展对外贸易活动；另一方面也可以通过贸易利益平衡机制的建立，为中国在世界政治、外交舞台上打下良好的组织基础，成为中国在全球政治、经济布局的重要一环，对中国未来在全球中的地位产生积极而深远的影响。

（二）构建贸易伙伴合作与援助体系

对外贸易摩擦发生的重要原因在于贸易利益获取的非平衡性，想从根本上破解长期困扰中国的贸易摩擦难题，就应该与贸易伙伴进行合作。对发达国家采取相互合作进行政策协调的手段；对于发展中国家可以在对外经济合作中给以更大的援助，促使其拥有参与全球贸易的能力，提升贸易伙伴的经贸发展水平。因此，中国有必要与发达国家或者部分经济实力较强的贸易伙伴进行广泛合作，也可以在联合国贸易发展会议的框架主导下，对经济发展较为落后的贸易伙伴开展援助政策和计划协调。例如，通过相互沟通，协调彼此利益，在人员、资金、技术方面相互配合，联合其他贸易伙伴形成有国际影响力的对外援助体系。在此基础上，可以开展贸易、授资、环境保护、文化、教育等各方面的对话，创新贸易伙伴可持续发展路径，使经济较为落后的贸易伙伴加强经济的自我发展能力，从根本上增强贸易伙伴经济发展及相互帮扶、相互合作的机制。

（三）通过平衡贸易利益减少国外利益集团的压力

中国遭遇的贸易摩擦，很大一部分是因为贸易伙伴国政府受到国内特定利益集团的政治压力，处于政治选举的需要不得不迎合国内部分行业以及特殊利益集团的需要，而对中国发起贸易摩擦。获取现实的利益是政治集团迫使其政府对中国发起贸易摩擦的内在动机，而通过构建合理的贸易平衡机制能够有效地降低贸易给相关利益群体带来的不利影响。例如，针对中国出口商品给贸易伙伴国带来的失业问题，就可以通过中国对外投资或增加对不发达国家的援助使结构性问题在初始得到有效的解决，不至于采取发起贸易摩擦的方式来转移失业问题。

四、完善并合理运用贸易摩擦应对机制

（一）建立合理的贸易摩擦预防机制

所谓预防机制，就是政府及行业协会组织等采取一切措施，尽量避免或减少国际贸易摩擦，或把国际贸易摩擦消灭在萌芽状态。这具体包括：

1. 建立进出口预警与双边协调机制

政府通过加强对进出口管理，对产品进出口规模进行实时监控，对于出口或进口增长过快的产品要给出提前预警；充分发挥行业协会的积极主导作用，与政府部门进行有效的交流与沟通，及时充分了解本行业国外市场信息和最新动向，并及时向会员作出预先通报，避免相互恶性的出口竞争。

2. 建立信息发布和通报制度

密切关注中国遭遇贸易摩擦的新动向和新形式，及时向有关各方进行信息通报，以便国内有关部门及组织及时采取措施；或是及时通知相关行业或企业，以利于中国企业积极应诉。充分发挥 WTO 咨询中心、WTO/TBT 咨询点、WTO 法律实务咨询中心和外国贸易救济信息网的服务功能，为企业提供有关公平贸易政策咨询和贸易信息发布等服务，并为遭遇贸易摩擦的企业提供法律援助。针对技术性贸易壁垒不断增加的趋势，要做好 WTO/TBT - SPS 信息的跟踪、加工、传递工作，构建有效的信息搜集与发布的机制和平台，协助企业掌握相关产业的国内外技术标准和准入制度，为中国出口产品顺利进入国际市场做好有效的信息基础工作，同时，为企业提供技术性标准、政策法规和相关评定程序等方面的查询服务及资料配套功能。

3. 合理运用双边协商解决机制

双边协商解决机制重点在于政府及有关部门应加强经济上的对外联系。首先，加强与国际贸易摩擦发起国的对话与交流，寻找双方利益平衡点；其次，调整或重组涉外经济管理部门的机构设置与责任权限，突出反倾销、反补贴及信息采集与发布工作在机构设置中的地位；最后，要充分发挥利益集团的作用，在经济全球化过程中，贸易摩擦既有受益者也有受害者，通过做好相关利益集团的工作，充分发挥其杠杆作用。

（二）合理运用 WTO 争端解决机制解决贸易争端

WTO 是一个较为有效的多边贸易争端解决机制，也为处于弱势的发展中国家提供了一个重要的解决纠纷与争端的途径，可以使发展中国家在一定程度上摆脱因经济实力较弱而造成的被动局面。中国作为发展中国家以及 WTO 中的一员，应该充分利用 WTO 争端解决机制来维护本国的正当权益，化解针对中国的贸易摩擦。但是，要发挥 WTO 争端解决机制的积极作用，不仅要充分利用，而且还要善于合理利用。

1. 充分认识 WTO 争端解决机制的重要性

一方面，按照中国遭遇贸易摩擦的必然性和合理性分析结果，中国在对外贸易的过程中不可避免地要与其他国家发生贸易摩擦；另一方面，通过 WTO 争端解决机制解决贸易摩擦问题是国际贸易环境改善的重要表现，也是其法治化进程的巨大进步。从当前来看，WTO 争端解决机制是现行世界多边贸易体制下处于弱势地位的国家维护本国权利与利益的最好方式。中国连续成为世界上反倾销和反补贴的最大受害国，遭遇的技术性贸易壁垒也越来越多，贸易摩擦的频发给中国出口企业、国外消费者乃至中国与世界经济的发展都带来了消极影响。在应对频发的贸易摩擦时，中国应从解决问题的务实态度出发，积极合理地运用 WTO 争端解决机制，以友善的态度通过法治程序或双边协商来处理贸易争端，避免贸易摩擦激化导致两败俱伤的结果，努力为中国对外贸易的健康发展扩展空间。在 WTO 框架下解决贸易争端能够避免贸易摩擦的政治化倾向，以多边主义的贸易体制对抗某些国家的单边保护行为，更好地在国际社会中保障中国的经济利益。而且，WTO 争端解决机制更倾向于投诉方，在WTO运用该机制解决贸易争端的过程中，投诉方胜诉的概率大约为90%。因此，中国在对外贸易中的态度应更加积极、更多地充当投诉方，而不仅仅是被动地应诉。

2. 建立专业化的争端协调管理机构

目前，世界贸易组织的管理范围已经囊括了服务贸易、与贸易有关的投资及知识产权等领域，甚至还涉及劳工标准、环保等社会领域，中国国内所有涉外经济部门几乎都处于WTO的管辖范围。各个部门在从事对外经济活动的过程中难免会产生利益冲突，进而对国家整体的经济利益产生影响。因此，中国目前有必要建立一个专业化的对外经济协调管理权威机构，或明确授权某一政府部门承担该项管理职能，以此来统一协调相关的对外争端应对与解决事务。专业化的统一协调机构建立可以使中国获得以下三方面的利益：第一，能够调动更多的企业和社会资源应对贸易争端的诉讼，使中国企业在应对贸易摩擦时免于被动地位，营造良好的对外贸易环境；第二，中国驻国外的代表使团、国内各级政府部门和国内企业建立长期制度化的密切联系，便于各组织与部门之间开展协调与合作，例如收集相关信息资料、组织国内受影响企业或行业投诉或应诉、举行听证会等；第三，有利于培养自己的WTO法律人才，可以通过与国内外WTO法律研究机构及大学建立长期合作关系，从事WTO相关法律研究与国际交流。目前，在巴西首都就有这样一个专门管理和协调WTO争端事务的机构，既与其驻日内瓦代表团队合作，又与国内企业界具有紧密的联系，这对巴西活跃于WTO争端解决机构起着重要的促进作用。

第二节　中国应对贸易摩擦的措施

贸易摩擦的应对战略在于解决中国应对贸易摩擦的整体和长远问题，但是，针对当前中国遭遇的贸易摩擦，还应该采取具体有效的应对措施。本节以前文关于中国贸易摩擦的结构分析为基础，针对不同的贸易摩擦结构问题提出具体的应对措施。

一、应对贸易摩擦的国别和地区措施

中国与发达国家和发展中国家之间的贸易摩擦在原因、领域、方式等方面既有共同性又有一定的差异性。因此，本节从两个方面分析解决贸易摩擦的具体对策。

（一）共同措施

1. 加强贸易伙伴之间的经济合作

在国际多边贸易体制框架下开展区域经济合作，对于稳定欧美等发达国家和地区的出口市场，促进中国贸易市场结构多元化的发展，降低关键领域内深化改革的压力具有重要的作用。首先，加强中国与周边国家的区域经贸合作，使本地区的国家切实从中国的发展中得到好处，增强与中国合作的信心。中国的崛起已经引起周边国家的恐惧，为防止这种恐惧发展成对中国产品的抵制与全面恐惧，中国应加强与亚洲区域的经贸合作，努力促进东亚地区经济一体化发展。其次，扩大中国同发达国家和地区的经济合作，这样会给双方带来双赢的收益，对于中国与欧、美、日等发达国家和地区的贸易摩擦，一方面可以通过高层会晤等多种形式增进双方之间的了解，增进双方在政治经济领域内的互信，另一方面积极运用各种国际规则，充分行使中国享有的各项权利，尽可能地通过谈判和协商来解决贸易争端，确保国家和企业的利益。最后，加强与非洲、拉丁美洲国家的合作，稳定主要原材料与能源的供应。从根本上来讲，中国在参与区域经贸合作的过程中应制定一个全面的目标，既要服务于国内经济发展的需要，通过经济发展提升综合实力，并稳定和提升中国在国际中的地位与作用，又要为参与多边贸易体制积累经验，推动多边贸易自由化向有利于中国的方向发展。

2. 积极宣传中国经济发展的共享特征

改革开放以来，中国在战略上实施基于出口导向型的经济发展模式，随着加入 WTO 后出口规模的迅速增长，中国的经济在整体上也获得了高速发展。中国出口的增长不仅带动了国内经济的发展，而且对世界经济的发展产生了重要的推动作用。因此，中国的经济发展是与其他国家共享型贸易增长模式。例如，中国出口的产品降低了发达国家的生产成本，为其消费者提供了更多的廉价必需品；中国又对发展中国家生产的基础商品有着十分强烈的需求，从而抬高了它们所生产的工业原材料的价格，扭转了几十年来价格不断下跌的局面。因此，世界上大多数国家都从中国经济的成功崛起中获得了一定的收益，而不是受到了伤害。所以中国应该努力在观念上消除目前在国际上流行的“中国威胁论”因素，积极向世界宣传中国经济发展的共享特征，为缓解国际经济摩擦营造良好的国际经济环境。

3. 积极鼓励中国企业对外直接投资

积极鼓励国内企业走出去，到与中国贸易摩擦比较多的国家进行战略性直接投资，战略性直接投资不仅可以获取中国经济发展急需的资源，而且还可以加强中国与东道国的经济往来，缓解经济贸易领域的摩擦。例如，中国和墨西哥之间的贸易摩擦较多，由于墨西哥具有特殊的地理位置，又是北美自由贸易区的成员，与拉丁美洲各国也有着天然的市场联系，中国企业通过对墨西哥的直接投资，出产的产品可以作为墨西哥的产品进入美国市场和墨西哥市场，也可以以较低的运输成本向南进入拉丁美洲市场，同时又能够在一定程度上缓解中国同美国、墨西哥在贸易上的摩擦。

（二）差别措施

中国与发达国家和发展中国家在贸易摩擦领域、方式等方面的差别，决定了针对不同类型的国家中国应该采取一些差别的应对办法。例如，针对发达国家采取的贸易技术性贸易壁垒较多，而发展中国家对中国的贸易摩擦主要以反倾销为主；发达国家对中国发起贸易摩擦的行业逐渐向高端扩展，而发展中国家主要针对与其具有强烈竞争关系的劳动密集型产品挑起贸易争端。针对这些在贸易摩擦方式、贸易摩擦行业上的差别的应对策略，将在下文中详细讨论。

二、应对贸易摩擦的行业和产业措施

（一）关注贸易摩擦背后不同产业竞争的需要

经济全球化导致国际产业竞争关系日益复杂化，国外针对中国贸易摩擦的不同方式成为满足不同产业竞争需要的有力武器。基于价格竞争的劳动密集型产业更倾向于运用反倾销等传统的贸易救济调查，而基于技术竞争的技术密集型产业更倾向于使用隐蔽性更强的技术性贸易措施。目前，中国与发展中国家之间在劳动密集型产业上具有相同的比较优势，在国际市场上的竞争也相对激烈，因此，中国与发展中国家的贸易摩擦主要集中在轻工、纺织、化工等低端产业领域，发展中国家主要运用贸易救济调查；中国与发达国家之间在产业上存在明显的互补关系，但是当前中国机电等高端技术密集型产业的飞速发展给发达国家带来了明显的挑战，所以发达国家开始不断利用技术性贸易壁垒对中国高端产业出口进行限制。因此，中国在对外贸易摩擦的过程中，要更加关注贸易摩擦背后产业竞争的需要，针对不同方式和国别特征的贸易摩擦，从不同产业政策领域入手缓解贸易摩擦的压力。

（二）协调产业政策与贸易政策

中国遭遇贸易摩擦的方式和国别、地区在行业和产品上表现出明显的分化特征，这充分反映出中国的产业政策和对外贸易政策存在明显的结构性问题。中国产业政策长期以来对产能扩张的重视和对价格优势的依赖，使得中国对外贸易以占领低端国际市场为基础，这势必加剧中国同其他发展中国家的竞争，而中国同发达国家的产业垂直分工并没有带来其在技术性贸易壁垒、服务贸易和知识产权领域的让步，发达国家甚至将贸易摩擦的矛头直接指向中国的产业政策。因此，中国有必要一方面加紧调整和改善国内产业政策的结构性问题，另一方面深入研究 WTO 及 WTO 其他成员的产业政策和贸易政策，使产业政策和贸易政策相互协调，从而改善对外贸易上的被动局面，使产业竞争力的提高与国际贸易地位的改善相适应。

（三）关注产业政策的高度化与合理化

中国一方面要同众多的发展中国家一样，关注产业政策的高度化，另一方面要关注产业政策的合理化，即不仅要关注产业之间的协调配合，使各产业之间的整体素质提高，而且还要关注产业竞争力的可持续问题，将资源合理配置与生态环境保护作为产业政策和贸易政策在合理化上的契合点，从而避免来自发达国家在环保、健康等方面的贸易壁垒，并且与发展中国家在同类型产业和产品之间形成差异化竞争优势，缓解我国的对外贸易摩擦压力，改善我国的对外贸易关系状况。

三、应对不同贸易摩擦方式的措施

在贸易摩擦发生之后，中国政府部门、行业及企业应根据不同的贸易摩擦方式，采取不同的应对机制。

（一）推动反倾销、反补贴的应诉工作

目前，中国对外贸易摩擦涉案的部门及众多企业应对反倾销、反补贴诉讼的能力较弱，而且很多对中国发起反倾销、反补贴调查的国家都不承认中国的市场经济地位，中国应对反倾销、反补贴的压力很大。因此，首先，政府部门应加强同国外有关反倾销机构的协调，借助自己的优势，做好辅助性服务工作。实践证明，相关政府部门的协调作用相当重要。例如，广东经贸委曾就美国商务部对华铅笔反倾销案提出的问题做了认真、及时、全面的回答，因而在处理案件过程中，很大程度上接受了中方的意见。其次，培养反倾销应诉的专门人才。我国反倾销应诉方面的人才匮乏，因此，有必要选择一批在经贸、法律和外语等方面具有较高知识水平和业务素质的优秀人才，进行集中强化培训，尽快造就一支高素质的反倾销应诉队伍。最后，设立反倾销、反补贴应诉基金。由于反倾销、反补贴应诉需要较高费用，为防止涉案企业无力承担应诉费用而应诉不力，可以参照国外的做法依据各企业出口量的大小确定一定比例的费用份额，并指定专门机构或海关收取，建立专项基金，主要用于支持反倾销、反补贴的应诉工作和为企业提供国际市场信息。

（二）建立应对国外技术性贸易壁垒的反应机制

1. 加强技术性标准与认证体系建设

对内提高技术标准和认证水平，制定高水准的技术标准法规，尽快将中国先进专利技术纳入标准体系；对外积极参与国际技术标准的制定，尽快实

现中国国际标准大国的目标定位；加速推动中国企业国际标准化战略进程，改变中国在技术标准方面的被动地位。

2. 设立国家推广标准和认证的项目基金

通过设立国家推广标准和认证的项目基金，鼓励中国企业积极实施国际标准，例如，对ISO9000质量管理体系认证、ISO14000环境管理系列标准认证和ISO18000安全标准认证在国内企业间积极推广实施，使中国企业的出口产品在技术“指标”上符合进口国的技术标准或相关政策规定。

3. 放开国家标准市场

中国国家标准的制定或修改一直由政府主导，企业或行业协会等组织缺少制定标准的权利与积极性。对此，应当放开国家标准市场，培养和扶植标准服务企业及行业协会组织，形成标准制定、推广、实施，以及咨询、交易、法律服务等完善的产业体系。

4. 构建技术性贸易壁垒的信息咨询机构

各国的技术性贸易壁垒千差万别，而且经常变动、修改，这成为中国企业遭遇技术性贸易壁垒的一大原因。因此，构建技术性贸易壁垒信息咨询机构，及时收集和披露国外技术性措施的最新情况，并跟踪研究其动态发展，及早制定出防范及应对措施。技术性贸易壁垒咨询机构的主要职责包括：收集、分类、整理信息，方便企业及有关部门查询；分析国外技术性贸易壁垒的发展变化及其影响，并提出相应对策；将信息及时反馈给有关部门或企业，使它们做好防范及应对工作。

（三）合理运用WTO例外条款和相关规则予以反击

1. 推进国内反倾销、反补贴和保障措施工作

反倾销、反补贴和保障措施是世界贸易组织赋予其成员的维护其产业经济安全和企业合法权益的基本权利，中国作为WTO中的一员应合理行使自己的权利，对国内产业实施合理有效的保护，为中国产业高级化与合理化营造较为宽松的外部环境。这就需要对国内反倾销、反补贴的立法进一步的完善，简化国内反倾销诉讼的管理程序，缩减调查取证的时间等。

2. 合理利用 WTO 规则构建中国的技术体系

通过推进技术进步来提高中国自身的技术性贸易措施，合理地提高进口商品成本以降低其与中国产品的竞争力。例如，合理实施汽车尾气标准、标签和绿色标志制度以及转基因和可再生性标志等。另外，可以通过合理的媒体宣传形成隐性的贸易壁垒以保障中国国内的市场，例如，法国通过媒体对于转基因产品进行宣传，使法国国内民众对于来自美国的转基因产品产生心理抵触，取得了很好的保护效果。

本章小结

中国在应对贸易摩擦的加剧和变化方面，应从整体的宏观战略和应对各种结构问题的具体政策措施两个方面入手，建立应对贸易摩擦的综合性策略体系，为中国对外贸易持续健康发展创造良好的内外环境。在宏观战略选择方面主要是坚持深化改革开放、促进国民经济的内外均衡发展、构建贸易利益的平衡机制、完善并合理利用贸易摩擦的应对机制。另外，针对当前中国遭遇的贸易摩擦，还应采取具体有效的应对措施。针对与不同类型国家和地区的贸易摩擦，主要是加强贸易伙伴之间的经济合作，积极宣传中国经济发展的共享特征以及积极鼓励中国企业对外直接投资；针对贸易摩擦的行业和产品结构，应当关注贸易摩擦背后不同产业竞争的需要，实现产业政策和贸易政策在高度化和合理化方面的双重协调；针对不同的贸易摩擦方式，主要措施在于应对机制的构建以及合理利用 WTO 例外条款和相关规则予以积极反击。

结　论

本书从结构的视角全面、深入、系统地研究了中国对外贸易（出口贸易）摩擦问题，即研究中国对外贸易（出口贸易）摩擦的国别和地区结构、行业和产品结构、方式结构的现状、原因、演变以及发展趋势等，最终得出以下主要结论。

一、中国遭受贸易摩擦具有必然性与合理性

中国遭受国际贸易摩擦的影响日益严重，但是贸易摩擦又有其必然性与合理性。中国在“入世”之后，全球贸易摩擦数量开始呈现逐步下降趋势，但是同期中国遭受贸易摩擦的数量却在不断增长，中国遭遇的贸易摩擦存在明显的歧视行为。中国遭遇贸易摩擦的方式由传统的反倾销调查向技术性贸易壁垒和知识产权保护等新型贸易摩擦转变，贸易摩擦的发起国由发达国家和地区向发展中国家和地区转移，贸易摩擦的对象从轻纺、钢铁等传统劳动密集型产业逐步扩展到机电、设备等资本技术密集型产品，并开始向金融、零售等现代服务产业扩散，贸易摩擦领域也从微观的单一产品扩展到宏观的经济政策层面。中国频繁遭遇国际贸易摩擦，既有世界经济与贸易发展不平衡、全球产业结构调整与国际分工格局演变以及国家间政治经济竞争等国际原因，也有中国对贸易规模和贸易顺差增长过快，对外贸易商品结构、方式

结构、区域结构不合理以及中国应对贸易摩擦不力等国内原因。但是，中国频繁遭遇国际贸易摩擦存在一定的必然性与合理性，是中国经济和外贸发展阶段的正常现象，是中国从贸易大国走向贸易强国的必然过程，也是中国淘汰落后企业、增强出口商品竞争力、促进对外贸易进一步发展的必需品。

二、中国遭遇贸易摩擦的区域结构呈多元化与集中化

中国遭遇贸易摩擦的国别和地区结构呈现出多元化与集中化的特征。全球对中国发起贸易摩擦的国家和地区很多，但是中国对外贸易摩擦主要还是集中在美国、欧盟、印度、墨西哥、阿根廷、土耳其等少数国家和地区。美国、欧盟等发达国家和地区与中国的贸易摩擦已经由以反倾销为主向以隐蔽性更高、影响更大的技术性贸易壁垒、知识产权保护等方式转变，贸易摩擦的领域也由产品、企业等微观层面向经济体制、贸易政策等宏观层面转变，涉及产品也向技术密集型等高端产品蔓延，其影响的程度更深、范围也更广；而发展中国家和地区与中国的贸易摩擦还以价格限制的反倾销为主，贸易摩擦的对象也以和中国竞争比较激烈的劳动密集型产品为主，尽管发展中国家和地区对中国贸易摩擦的频率较高，最终制裁的力度也较大，但是其整体影响仍旧有限。

二、中国遭遇贸易摩擦的行业和产品结构呈广泛性和集中性

中国遭遇贸易摩擦的行业和产品结构也呈现出明显广泛性和集中性的特征，而且不同的贸易摩擦方式涉及的中国出口行业也明显不同。化工、轻工、纺织服装、冶金等劳动密集型行业是遭遇贸易救济调查主要领域，电子、轻工、机械、化工、汽车等多个行业是美国、欧盟对中国实施知识产权保护的主要对象。从整体上而言，目前中国遭遇的贸易摩擦主要还是集中在中国具有绝对竞争优势的劳动密集型行业，但是，随着中国制造业生产技术水平的不断提高和出口产品技术含量的不断增加，国外向中国发起贸易摩擦的行业和产品也逐渐向高端转移，中国新兴产业和产品遭遇贸易摩擦的风险也因此加大。

四、新型贸易摩擦方式的影响日益加剧

贸易摩擦的方式以反倾销为主，但是技术性贸易壁垒等新型贸易摩擦方式的影响日益加剧。从中国遭遇贸易救济调查的具体方式来看，尽管反倾销案件的总数在不断地增加，但是反倾销在全部贸易救济调查中的比例却在下降。欧、美、日等发达国家和地区是实施技术性贸易壁垒的积极倡导者和绝大多数技术性贸易措施的发源地，技术性贸易壁垒对中国出口造成的损失主要来源于欧盟、美国、日本等少数发达国家和地区，遭遇技术性贸易壁垒的行业主要集中在轻纺、机电以及农产品等行业。此外，知识产权保护、贸易平衡问题、气候变化问题、“双反”调查等贸易救济手段的组合等都成为中国遭遇贸易摩擦的新形式。

主要参考文献

[1] 顾春芳. 全球贸易摩擦研究报告2011 [M]. 北京: 中国商务出版社, 2011: 35.

[2] 王亚星. 中国出口贸易壁垒监测与分析报告 [M]. 北京: 中国经济出版社, 2016: 267-270.

[3] 蔡春林. 国际贸易摩擦新问题及中国对策研究 [M]. 北京: 对外经济贸易大学出版社, 2011: 23-27.

[4] 如何看待中国对全球经济增长的贡献 [EB/OL]. http://news.xinhuanet.com/theory/2009-02/05/content_10765098.htm.

[5] 中国产品遭遇新一轮贸易摩擦向高端蔓延 [EB/OL]. http://finance.asiadcp.com/html/shangye/jiadian/20101018/88694.html.

[6] 贸易摩擦不断升级危及中国产业安全 [EB/OL]. http://cbu.ec.com.cn/article/cbuzgjm/cbuhy/201103/1127063_2.html.

[7] 王厚双. 直面贸易摩擦 [M]. 沈阳: 辽海出版社, 2004: 12.

[8] 胡方. 日美经济摩擦的理论与实态 [M]. 武汉: 武汉大学出版社, 2001: 1.

[9] Bac, Mehet and Raft, Horst. A Theory of Trade Concession [J]. Journal of International Economics, 1997 (42): 483-504.

[10] 埃里克·罗尔. 经济思想史 [M]. 北京: 商务印书馆, 1981: 72.

[11] 李斯特. 政治经济学的国民体系 [M]. 北京: 商务印书馆, 1961: 116.

[12] 小岛清. 对外贸易论 [M]. 天津: 南开大学出版社, 1988: 48-56.

[13] Johnson, harry G. optimum tariffs and retaliation [J]. Review of Eco-

nomic Studies, 1953 (21): 142 -153.

[14] 凯恩斯. 就业、利息和货币通论 [M]. 北京: 商务印书馆, 1994: 291.

[15] Brander, J. A. , B. J. Spencer. Tariffs and the Extraction of Foreign Monopoly Rents under Potential Entry [J]. Canadian Journal of Economics, 1981 (3): 371 -389.

[16] Lang, Tim, Colin Hines. The New Protectionism [M]. London: Earthscan Publications, 1993: 3 -126.

[17] Kyle Bagwell, Robert W. Staiger. A theory of Managed Trade [J]. American Economic Review, 1990 (80): 779 -795.

[18] Robert M. Feinberg, Kara M. Reynolds. The Spread of Antidumping Regimes and the Role of Retaliation in Filings [J]. Southern Economic Journal, 2006, 72 (4): 887 -890.

[19] Raymond J. Waldmann. Managed Trade: The New Competition Between Nations [M]. Haper Information, 1986: 41 -42.

[20] Edward S. Kaplan. Kaplan: American Trade Policy: 1923 - 1995 [M]. Westport: Greenwood Press, 1996.

[21] 杨柳. 金融危机形势下新贸易保护主义的特点及我国应对策略 [J]. 海南金融, 2009 (12): 42 -44.

[22] 巴格瓦蒂. 现代自由贸易 [M]. 北京: 中信出版社, 2003: 20 -23.

[23] Elise S. Brezis, Paul R. Krugman, Daniel Tsiddon [J]. The American Economic Review, 1993 (5) : 1211 -1219.

[24] 克鲁格曼. 战略性贸易政策与新国际经济学 [M]. 北京: 中国人民大学出版社、北京大学出版社, 2000: 20 -50.

[25] Airbus versus Boeing revisited. international competition in the aircraft [J]. Journal of International Economics, 2004 (64): 223 -245.

[26] 黄晓凤. 基于产业博弈视角的国际贸易摩擦分析 [J]. 国际经贸探索, 2008 (11): 60 -65.

[27] 尹翔硕, 李春顶. 国际贸易摩擦南北不对称与摩擦的形成: 基于一

个三国贸易模型的分析 [J]. 南开经济研究, 2007 (5): 53 - 66.

[28] 李春顶. 技术溢出与国际贸易摩擦的形成 [J]. 南京财经大学学报, 2008 (4): 27 - 29.

[29] Gomory, Ralph E. and William J. Baumol. Global Trade and Conflicting National Interests, Cambridge [M]. MIT Press, 2000: 61.

[30] Gomory, Ralph E. and William J. Baumol. National Trade Conflicts Caused by Productivity Changes: The Analysis with Full Proofs. Working Papers from C. V. Starr Centerfor Applied Economics, New York University, 1998 RR98 - 35. PDF.

[31] Gould, Woodbridge. The Political Economy of Retaliation, Liberalization and Trade Wars [J]. European Journal of Political Economy, 1998 (14): 115 - 137.

[32] Mayer, Wolfgang. Theoretical Consideration on Negotiated Tariff Adjustments [D]. Oxford Econ. Paper, 1981.

[33] Riezman, Raymond. Tariff Retaliation from a Strategic Viewpoint [J]. Southern Economic Journal, 1982 (3): 583 - 593.

[34] 雷达. 内外均衡、结构调整和贸易摩擦 [J]. 世界经济与政治, 2002 (8): 70 - 75.

[35] Peltzman, Sam. Toward a More General Theory of Regulation [J]. Journal of Law and Economics, 1976 (8): 211 - 240.

[36] George J. Stigler. The Theory of Economic Regulation [J]. Bell Journal of Economics and Management Science, 1997 (2): 3 - 21.

[37] 艾尔 L. 希尔曼. 贸易保护的政治经济学 [M]. 北京: 北京大学出版社, 2005: 3 - 4.

[38] Grossman, Gene M. Helpman, Elhanan. Protection for Sale [J]. The American Economic Review, 1994 (4): 833 - 850.

[39] Grossman, Gene M Helpman, Elhanan. Trade Wars and Trade Talks [J]. Journal of Political Economy, 1995 (4): 675 - 707.

[40] Gould, David M. Graeme L. Woodbridge. The Political Economy of Retalition, Liberalization and Trade Wars [J]. European Journal of Political Econo-

my, 1998 (14): 115 - 137.

[41] Lee Branstetter, Robert C. Feenstra. Trade and Foreign Direct Investment in China: A Political Economy Approach [J]. Journal of International Economics, 2002 (58): 335 - 358.

[42] 王亚飞. 关于贸易摩擦研究的综述 [J]. 学术界, 2006 (4): 275 - 280.

[43] Katzenstein, Peter. Between Power and Plenty [M]. Madison: The University of Wisconsin Press, 1978.

[44] Robert D. Putnam. Diplomacy and Domestic Politics: The Logic of Two-Level Games [J]. International Organization, 1988 (42): 427 - 460.

[45] 倪世雄, 李淑俊. 从公众—国会—政府的互动关系看美国贸易保护主义: 以中美贸易摩擦为例 [J]. 美国研究, 2007 (4): 81 - 94.

[46] 李淑俊, 倪世雄. 美国贸易保护主义的政治基础 [J]. 世界经济与政治, 2007 (7) 69 - 74.

[47] 尹翔硕, 李春顶. 边际保护、加权福利与中美贸易摩擦的成因 [J]. 财经问题研究, 2007 (4): 18 - 25.

[48] C. K. W. Thorbecke, R. E. Wagner. Trade Protection in the United States. London: Edward Elgar Publishing Company, 1995.

[49] 盛斌. 中国对外贸易政策的政治经济分析 [M]. 上海: 上海人民出版社, 2002: 66.

[50] 于铁军. 观念与实力: 美国"修正主义"对日观的兴衰 [J]. 美国研究, 2002 (1): 59 - 69.

[51] 影山僖一. 日美经济摩擦与国际政策调整: 消费者优先的民主政治体制 [J]. 国外财经, 1995 (3): 26 - 34.

[52] 伊藤诚. 世界经济学中的日本: 后福特制时代 [M]. 北京: 中国人民大学出版社, 1990: 63 - 65.

[53] 川田侃. 国际经济摩擦 [M]. 沈阳: 辽宁人民出版社, 1991: 3 - 49.

[54] Raymond J., Ahearn. Trade Conflict and the U. S. -European Union E-

conomic Relationship [J]. CRS Report for Congress, 2006: 6.

[55] 李顶春. 中美贸易摩擦成因中的心理、制度和政治因素分析 [J]. 财贸经济, 2007 (3): 50-56.

[56] 汪威毅. 中国与发达国家贸易摩擦根源的理论模型与实践验证 [J]. 福建论坛: 人文社会科学版, 2009 (11): 30-33.

[57] 阚大学. 后危机时代我国对外贸易摩擦问题研究 [J]. 北华大学学报 (社会科学版), 2010 (2): 11-15.

[58] 焦芳. 主要国家 (地区) 对中国反倾销特征比较分析: 1995~2009年 [J]. 河北经贸大学学报, 2011 (5): 80-86.

[59] 魏浩, 张二震. 发展中国家与中国的经济摩擦及其影响分析 [J]. 世界经济研究, 2005 (10): 27-33.

[60] 尤宏兵. 中国与发展中国家贸易摩擦再透视 [J]. 经济问题探索, 2010 (3): 138-142.

[61] 吕博. 中国应对发展中国家贸易摩擦的策略 [J]. 国际经济合作, 2006 (9): 19-23.

[62] 高维新, 蔡春林. 中国与发展中国家贸易摩擦的深层次原因探析 [J]. 国际经贸探索, 2009 (9): 4-9.

[63] 孙瑞华, 张松丹. 中、美贸易摩擦手段新趋势及其原因探析 [J]. 特区经济, 2006 (9): 180-182.

[64] 王亚飞. 大国兴起与国际经济摩擦——兼论中美贸易摩擦 [J]. 世界经济与政治论坛, 20009 (1): 42-47.

[65] 周千猷, 周浩明. 中美贸易摩擦的持久性趋势与对策 [J]. 求索, 2011 (6): 53-54.

[66] 忻华. 美国对华贸易摩擦的周期及趋势 [J]. 毛泽东邓小平理论研究, 2010 (5): 79-84.

[67] 樊勇明. 贸易摩擦与新兴大国的成长——基于日美经贸摩擦和中美经贸摩擦比较研究的思考 [J]. 国际观察, 2011 (2): 65-72.

[68] 王思璇. 中欧贸易摩擦的趋势预测及其对双边关系的影响——基于引力模型的实证研究 [J]. 国际贸易问题, 2009 (6): 37-46.

[69] 张亚珍. 基于欧盟板块经济特征的中欧贸易摩擦分析 [J]. 国际贸易问题, 2009 (4): 45-52.

[70] 吴艳. 中国与欧盟经贸摩擦的特点及发展趋势分析 [J]. 统计与决策, 2011 (4): 141-144.

[71] 岳云霞. 中拉贸易摩擦分析——拉美对华反倾销形势、特点与对策 [J]. 拉丁美洲研究, 2008 (6): 46-50.

[72] 姜明新. 土耳其对华实施反倾销等贸易救济措施的特点及其成因 [J]. 西亚非洲, 2009 (6): 30-35.

[73] 孙建军, 张秀峨. 从贸易摩擦看我国产业升级 [J]. 国际贸易, 2005 (12): 13-15.

[74] 路红艳, 王保伦. 基于市场开放与贸易摩擦的产业安全形势分析及对策研究 [J]. 北京工商大学学报 (社会科学版), 2006 (1): 17-21.

[75] 陈勇. 国际产业转移背景下的中国对外贸易摩擦 [J]. 东北财经大学学报, 2007 (3): 32-36.

[76] 田玉红. 从外国对华贸易摩擦透视中国产业政策的结构性问题 [J]. 经济体制改革, 2008 (2): 40-43.

[77] 顾春芳. 当前国内外经济发展和国际贸易摩擦新特点及我国产业安全面临的新形势 [J]. 时代经贸, 2011 (7): 17-18.

[78] 李俊慧. 中日贸易摩擦与中日两国产业结构的关系 [J]. 国际贸易问题, 2003 (8): 5-8.

[79] 韩擎, 杨斐然. 从产业结构看中美贸易摩擦的特征、原因及趋势 [J]. 改革与开放, 2004 (2): 23-24.

[80] 柳剑平, 张兴泉. 产业内贸易、产业结构差异与中美贸易摩擦——与中日贸易摩擦的比较分析 [J]. 世界经济研究, 2011 (5): 27-32.

[81] 侯俊军, 王耀中. 中美、日美纺织品贸易摩擦比较及其启示 [J]. 国际贸易问题, 2006 (4): 34-38.

[82] 余珊萍, 潘沁. 人民币汇率升值下纺织品贸易摩擦应对措施 [J]. 国际经贸探索, 2006 (5): 47-50.

[83] 陈炜, 张琼. 中美纺织品服装贸易摩擦的博弈分析 [J]. 安徽农业

大学学报（社会科学版），2009（3）：47－49.

［84］刘倩倩，李京．中国钢铁出口遭遇反倾销的实证研究［J］．国际经济合作，2011（7）：14－18.

［85］刘军，王腊芳．反倾销与美中双边钢铁产业内贸易［J］．求索，2011（10）：34－36.

［86］陈继勇，胡渊．中美轮胎“特保案”实证研究［J］．亚太经济，2010（5）：34－38.

［87］于津平，郭晓菁．国外对华反倾销的经济与政治动因［J］．世界经济研究，2011（5）：20－26.

［88］鲍晓华．中国是否遭遇了歧视性反倾销？——兼与其他出口国的比较［J］．管理世界，2011（3）：32－43.

［89］易波．反倾销对中国出口影响的实证研究［J］．世界经济与政治论坛，2011（4）：143－154.

［90］李磊，漆鑫．我国对外反倾销威慑力能否有效抑制国际对华反倾销？［J］．财贸经济，2010（7）：76－81.

［91］丁国民．立法破解对华贸易保护危机——基于 WTO 框架下的中国反倾销立法思考［J］．中国社会科学院研究生院学报，2010（5）：76－83.

［92］曲如晓．反补贴：中国出口贸易的潜在威胁［J］．国际经济合作，2005（3）：35－38.

［93］王建华，范荷芳．美国对华反补贴政策的演变与内在动因分析［J］．国际贸易问题，2007（11）：79－83.

［94］谢辉，李大武．对华反补贴的发展趋势及对我国的启示［J］．国际贸易问题，2007（12）：73－78.

［95］杨荣珍．国外对华反补贴现状及中国补贴政策分析［J］．国际经贸探索，2011（3）：67－71.

［96］龙英锋，王勇．特别保障措施的法律分析及应对策略［J］．法学，2004（10）：102－106.

［97］姚新超，冷柏军．区域贸易协定成员间实施保障措施的争论及对中国的启示［J］．国际贸易问题，2006（11）：110－116.

[98] 李毅."市场扰乱"与对华特保措施的滥用 [J]. 国际经贸探索, 2010 (5): 62-67.

[99] 孙晓琴, 吴勇. 技术性贸易壁垒对中国产业竞争力中长期影响的实证分析——基于四大行业的比较研究 [J]. 国际贸易问题, 2006 (5): 80-85.

[100] 夏先良. 面对外国技术性贸易壁垒: 中国的战略措施 [J]. 国际贸易, 2007 (7): 12-18.

[101] 孙晓琴, 黄怡伟. 金融危机下贸易保护对中国出口影响的实证分析——以对美出口机电产品遭遇技术性贸易壁垒为例 [J]. 国际经贸探索, 2009 (12): 32-38.

[102] 陶岚, 阳建新, 吕鹃, 等. 我国企业遭遇国外技术性贸易壁垒的标准化因素分析 [J]. 亚太经济, 2011 (6): 48-51.

[103] 陈丽静, 顾国达. 技术创新、知识产权保护对中国进口商品结构的影响——基于1986~2007年时间序列数据的实证分析 [J]. 国际贸易问题, 2011 (5): 14-21.

[104] 吴郁秋. 美国对华337调查的现状与政治经济学分析 [J]. 国际经贸探索, 2008 (10): 53-57.

[105] 黄晓凤. 美国对华337调查的变化趋势研究 [J]. 国际贸易问题, 2011 (3): 69-78.

[106] 余乐芬. 美国"337调查"历史及中国遭遇知识产权壁垒原因分析 [J]. 宏观经济研究, 2011 (7): 35-40.

[107] 苏振东, 严敏. 美国对华反倾销反补贴并用影响因素研究 [J]. 世界经济研究, 2011 (8): 39-43.

[108] 宏结, 张波. 美国涉华"双反"措施的原因及经济效应分析 [J]. 国际经济合作, 2011 (6): 78-82.

[109] 夏先良. 中美贸易不平衡、人民币汇率与全球经济再平衡 [J]. 国际贸易, 2010 (7): 11-21.

[110] 黄万阳. 中美贸易不平衡的均衡、错位及其矫正的实证研究 [J]. 国际贸易问题, 2011 (8): 58-67.

[111] 海关总署. 2010年外贸进出口总值29727.6亿美元 [EB/OL].

http://news.ifeng.com/mainland/detail_2011_01/10/4194464_0.shtml.

[112] 毛燕琼. 加入WTO十年国际对华贸易摩擦回顾与展望 [J]. 世界经济研究, 2011 (11): 8-13.

[113] 杨艳红. 国际贸易摩擦的新格局 [M]. 北京: 中国社会科学出版社, 2009: 68.

[114] 李健. 非关税壁垒的演变及其贸易保护效应 [J]. 大连: 东北财经大学出版社, 2011: 98-103.

[115] 蔡春林. 国际贸易摩擦新问题及中国对策研究 [M]. 北京: 对外经济贸易大学出版社, 2011: 38-47.

[116] 沈瑶, 李浩妍. 国际钢铁贸易摩擦迭起之原因分析——兼论我国钢铁业的国际竞争力 [J]. 国际经贸探索, 2003 (6): 9-13.

[117] 宋衍涛.《大国政治的悲剧》霸权逻辑的脆弱性——评约翰·米尔斯海默的"中国威胁论" [J]. 东北亚论坛, 2004 (4): 94-96.

[118] Feenstra, R. C. And Kee, H. L. Trade liberalization and export variety: A comparison of Mexico and China [J]. The World Economy 30, 2007 (1): 5-21.

[119] 郑永年. 中国的崛起和中国模式 [J]. 书摘, 2010 (9): 80-82.

[120] 张士铨, 宋婧瑜. 如何理解中国经济体制转型的成果——兼评"华盛顿共识"与"北京共识" [J]. 国际关系学院学报, 2011 (2): 94-99.

[121] 张曙霄. 中国对外贸易结构新论 [M]. 北京: 经济科学出版社, 2009: 24.

[122] 张文豪, 张帆. 中国经济受何影响, 财经, 2001, 10: 74-79.

[123] 胡鞍钢. 国家生命周期与中国崛起 [J]. 教学与研究, 2006 (1): 9-15.

[124] 高小寒. 理性看待中国贸易摩擦现状 [J]. 西南农业大学学报 (社会科学版), 2010, (4): 39-40.

[125] 吴新辉, 胡少华. 国际贸易摩擦及我国的对策研究 [J]. 世界贸易组织动态与研究, 2009 (9): 1-7.

[126] 马建堂. 全面认识我国在世界经济中的地位 [N/OL]. 人民网,

2011 - 03 - 14（2） [2011 - 03 - 17]. http：//www. stats. gov. cn/tjfx/jdfx/t20110317_402711640. htm.

[127] 邹楠. 新型贸易保护主义抬头，纺织业何以应对 [N/OL]. 中宇化工网，2011 - 03 - 10（2） [2011 - 04 - 10]. http：//chem. chem365. net/Open/hyyw_news/38320. htm.

[128] 魏宗凯. 家电贸易摩擦加剧外贸形势不容乐观 [N]. 中国石化报，2010 - 03 - 02（8）.

[129] 朱瑶. 2010 年进出口实现顺差 1831 亿美元，同比下降 6.4% [EB/OL]. http：//finance. eastday. com/economic/m1/20110120/u1a5681633. html.

[130] 中国商务部. 各国贸易报告 [EB/OL].（20110810）[20110913]. html1 http：//countryreport. mofcom. gov. cn/index. asp.

[131] 贾海基，李春顶. 我国对外贸易摩擦频繁爆发之合理性研究及对策 [J]. 国际贸易问题，2006，(7)：9 - 12.

[132] 梁志. 美国对韩国政治经济发展的影响与韩国的反美主义 [J]. 历史教学，2006，(9)：27 - 32.

[133] 王亚星. 中国出口贸易壁垒监测与分析报告 [M]. 北京：中国经济出版社，2011：465 - 470.

[134] 托马斯丁 · 普鲁萨. 国际贸易译丛 [J]. 国际贸易译丛，2006(3)：11 - 21.

[135] Kotan，Z.，S. Sayan. A Comparative Investigation of the Price Competitiveness of Turkish and Southeast Asian Exports in the European Union Market，1990 ~ 1997 [J]. Emerging Markets Finance and Trade，2002（4）：59 - 85.

[136] 赵淼. 中美贸易摩擦：现状、趋势与对策 [J]. 安徽工业大学学报（社会科学版），2011（1）：21 - 22.

[137] 樊勇明. 贸易摩擦与新兴大国的成长——基于日美经贸摩擦和中美经贸摩擦比较研究的思考 [J]. 国际观察，2011（2）：65 - 72.

[138] 苑涛，杜金东. 中日贸易摩擦：理论、影响、对策 [M]. 北京：中国财政经济出版社，2010：81 - 83.

[139] 王绍媛. 日本技术性贸易壁垒的应对——以辽宁省动植物食品类

产品为例 [J]. 财经问题研究, 2010 (5): 109 - 112.

[140] Keith E. Maskus, John S. Wilson. A Review of Past Attempts and the New Policy Context [M] Ann Arbor: The University of Michigan Press, 2001: 3 - 27.

[141] 李健. 非关税壁垒的演变及其贸易保护效应 [J]. 大连: 东北财经大学出版社, 2011: 91 - 95.

[142] Keith E Maskus. Intellectual property rights in the global economy Intellectual property rights [M]. Washington D. C.: Institute for International Economics, 2000: 109 135.

[143] Micheal Perelman. 论强劲知识产权的软肋 [J]. 经济资料译丛, 2005 (2): 31 - 43.

[144] 魏浩, 申广祝. 贸易大国、贸易强国与转变我国外贸增长方式的战略 [J]. 世界经济与政治论坛, 2006 (3): 40 - 46.

[145] 马文秀. 日美贸易摩擦与日本产业结构调整 [M]. 北京: 人民出版社, 2010: 184 - 186.

[146] 盛誉. 贸易自由化与中国要素市场扭曲的测定 [J]. 世界经济, 2005 (6): 29 - 36.

[147] 方福前. 中国出口快速增长的原因与效应分析 [J]. 经济理论与经济管理, 2005 (10): 12 - 17.

后　记

改革开放至今，特别是加入 WTO 之后，中国对外贸易发展迅速，取得了令世人瞩目的成就，但同时也面临着来自不同国家和地区、涉及不同行业与产品的各种贸易壁垒和摩擦。近期，由美国挑起的中美贸易战更加凸显了这一问题，也让我们更加清醒地认识到中国从贸易大国走向贸易强国的道路仍然任重而道远。

本书是在我的博士学位论文基础上进行修改和更新而成的。从博士毕业到本书完成期间，本人经历了四年的银行工作之后进入高校任教的历程，能够顺利完成写作，要特别感谢家人和老师的积极鼓励与大力支持，同时也非常感谢经济科学出版社对本书出版给予的支持和帮助。

由于本人水平有限，书中难免有疏漏乃至错误之处，真诚地希望各位专家、学者和读者批评指正。

闫克远
2019 年 6 月